时空领导力

陈国权◎著

清华大学出版社
北京

内 容 简 介

本书系统地阐述了时空领导力的理论和方法体系，强调领导者需要通过时间和空间两个视角，多层次、多维度和动态地对组织进行认识和分析、设计和决策，采取行动和举措，使组织取得良好的效益、保持可持续健康和谐的发展。本书共 8 章：第 1 章"心怀时空之道：时空领导力的总体框架"；第 2 章"执层次之箭，达知微知彰"；第 3 章"执维度之箭，达知柔知刚"；第 4 章"执动态之箭，达知常知变"；第 5 章"三箭齐发，达六知境界"；第 6 章"掌统筹之策，聚时空力量"；第 7 章"行竞争之法，成胜利之师"；第 8 章"成就繁荣昌盛：时空领导力的成效"。每一章都阐述了时空领导力相关的理论和方法，提供了丰富的古今中外经典论述和实践案例，同时还给出了实践练习，以帮助读者更好地理解和提升时空领导力，取得更好的领导成效。

本书适合各级组织的领导者、管理类各专业的师生，以及所有希望提高自身领导能力的人士阅读。

图书在版编目(CIP)数据

时空领导力 / 陈国权著 . —北京：清华大学出版社，2022.8（2025.2 重印）
ISBN 978-7-302-61571-2

Ⅰ .①时… Ⅱ .①陈… Ⅲ .①领导学 Ⅳ .① C933

中国版本图书馆 CIP 数据核字 (2022) 第 145559 号

责任编辑：高晓蔚
封面设计：汉风唐韵
版式设计：方加青
责任校对：宋玉莲
责任印制：沈 露

出版发行：清华大学出版社
　　　　网　　　址：https://www.tup.com.cn, https://www.wqxuetang.com
　　　　地　　　址：北京清华大学学研大厦 A 座　　　　邮　　编：100084
　　　　社 总 机：010-83470000　　　　邮　　购：010-62786544
　　　　投稿与读者服务：010-62776969，c-service@tup.tsinghua.edu.cn
　　　　质 量 反 馈：010-62772015，zhiliang@tup.tsinghua.edu.cn

印 装 者：三河市东方印刷有限公司
经　　销：全国新华书店
开　　本：170mm×230mm　　　印　　张：13.25　　　字　　数：196 千字
版　　次：2022 年 8 月第 1 版　　　印　　次：2025 年 2 月第 6 次印刷
定　　价：78.00 元

产品编号：098710-01

时空领导力心法

领导者需"心怀时空之道"

执"层次之箭""维度之箭""动态之箭"

"三箭齐发"

掌时空"统筹之策"

行对外"竞争之法"

方能"成就繁荣昌盛"

陈国权教授的《时空领导力》一书提出了领导的时空之道，这对当今复杂变化环境下的领导者具有重要的指导意义。我们每个人都生活在时空之中，时空的思想可以用来认识和解决现实问题。譬如，当今的物联网正在进行无边界的生态进化，在这个过程中，每个人都需要努力把握体现自身价值的时空；海尔的人单合一模式能够让每个人在创造用户的价值中实现自我，由此形成一个时空持续发展的生态系统，并使其中每个人的价值达到最大化。

——张瑞敏，海尔集团创始人、董事局名誉主席

本书提出的"时空领导力"是一套很新颖的领导力理论，强调更宏大的视野，容纳更多的变量，这对于我们研究和解决更复杂、更动态的问题尤为适用。与这套理论适配的"时空领导力心法"尤其让人印象深刻，领导者可以从时间和空间两大视角，多层次、多维度、动态地洞察新趋势，发掘新机会，主导企业商业创新，从而提升竞争力。

——王凤英，第十一届、第十二届和第十三届全国人大代表，长城汽车公司总裁

中国企业家的持续成长对经济和社会的发展至关重要。陈国权教授在《时空领导力》中提出了一套全新的、基于时空观的思想和方法，希望给企业家们带来新鲜而丰富的营养和力量，以助

于他们健康成长，行稳致远，创造佳绩！

——李兰，第十届、第十一届和第十二届全国政协委员，国务院发展研究中心公共管理与人力资源研究所所长、研究员

这本书在领导力的阐述中，引入了时空的概念，视角非常独特。书中引经据典、知识广博，用中国历史文化中的观点对领导力进行了重新建构。陈国权教授化繁为简，提出"时空"的概念，强调更宏大的视野，以及更强的包容性，条分缕析、思路开阔。本书中，随处可见信手拈来的古今中外的生动故事，有趣有哲理，读来使人获益匪浅。

——刘霄，联办传媒集团副总裁，《财经》杂志社副社长、总经理，《哈佛商业评论》中文版联合出品人、总经理

陈国权教授从时空的视角建立了时空领导力的理论和方法体系，这是源自中国的领导智慧，其中"知微知彰、知柔知刚、知常知变"的"六知论"体现了领导工作中重要的动态系统的思想和方法。在当今复杂变化的环境下，《时空领导力》一书可以为企业领导者制定方向、带好队伍、解决问题、提升业绩以及建立基业长青的组织提供实际的指导，值得广大企业领导者学习。

——栗庆森，北京中外企业人力资源协会监事长和原秘书长，北京诺华制药有限公司原副总裁，泰康保险集团人力资源和培训中心原总经理

"工欲善其事，必先利其器。"《时空领导力》是可触及、可习得的思想和方法论，能增加思想维度、提升领导力。本书是使人成为更有智慧的领导者的阶梯。

——刘传健，"中国民航英雄机长"，《中国机长》电影原型，中国民用航空飞行学院总飞行师

前　言

　　当今的组织面临复杂多变、机会和挑战并存的环境，组织要取得并保持可持续的竞争优势，需要内心强大、具有大智慧的领导者。内心强大、具有大智慧的领导者是组织和社会重要的、稀缺的资源！一个组织、地区和国家的发展，其领导者能否带领大家走上正确的方向、能否提高发展的效率、能否应对各种各样的机遇和挑战等是特别重要的。

　　改革开放以来，中国关于领导力的理论和书籍，大多是从西方引进的。西方领导力理论虽然对中国的领导教育和实践起到了重要作用，但是随着中国经济和社会的迅速发展以及世界形势的不断变化，我们需要建立源自中国的领导力理论，将其用于解释中国经济和社会发展取得成功的原因，并对其今后的发展提出实际的策略，为解决当今人类面临的共同挑战和问题提出中国见解和方案。自古以来，中国人在思想内容和思维方式上就有其独特的优势，我们应该利用这些优势，博采众长、自成体系，建立源自中国、有影响力的领导力理论。我们有责任让中国自己的领导力理论在学术界拥有话语权，让我们的学生在领导力书籍和课堂上见到中国学者的理论。

　　在当今中国的大学里工作，我一直有一种强烈的使命感和激情，那就是建立源自中国的领导力理论。建构一种针对领导议题的，具有强判断力、解释力、预测力、干预力的新理论是我多年的愿望。经过长期的积累和研究，我的头脑中慢慢形成了这个理论的基本框架。我开始为这个理论命名。为一个理论命名是一件颇费心思的事情。在为该理论命名的时候，开始想用"领导的动态系统理论"这个名字。"动态"和"系统"都是大家所熟知的词，虽然也可以概括理论的主旨，但是总觉得还可以进一步改善。直到有一天，在思考这个理论时，"时空"二字闯入了我的脑海中，顿感"十年得一句"的欣喜。我认为，"时空"这个词对应了自己对《淮南子》中"宇宙"概念的理解："往古来今谓之宙，四方上下谓之宇。"其中，"往古来今"对应"时"，"四方上下"对应"空"。而我们每一个人都生活在时空之中。因此我就将其命名为"时空领导力"理论。相对于国外很多领导力理论重视细分领域的研究，"时空领导力"理论强调更宏大的视野，容纳更多的变量，从而能够用于研究和解决更为复杂和动态的问题。

本书是作者多年以来研究成果的总结。本书包括以下 8 章的内容：第 1 章"心怀时空之道：时空领导力的总体框架"；第 2 章"执层次之箭，达知微知彰"；第 3 章"执维度之箭，达知柔知刚"；第 4 章"执动态之箭，达知常知变"；第 5 章"三箭齐发，达六知境界"；第 6 章"掌统筹之策，聚时空力量"；第 7 章"行竞争之法，成胜利之师"；第 8 章"成就繁荣昌盛：时空领导力的成效"。从各章内容之间的逻辑关系来看，第 1~7 章的内容属于"因"，第 8 章的内容属于"果"。每一章都阐述了相关的理论、模型、原则和方法，并提供了古今中外、各种各样的经典论述和实战案例，帮助读者更好地理解和提升时空领导力。

根据这些内容，本书提出了能形象地概括时空领导力的核心思想和方法，以及便于理解和记忆的"时空领导力心法"：领导者首先要"心怀时空之道"，然后要执有"层次之箭""维度之箭"和"动态之箭"，还要综合应用这三支箭，做到"三箭齐发"，并掌握时空"统筹之策"，行对外"竞争之法"，最后方能"成就繁荣昌盛"。

本书在一开始就提供了全书的思维导图，以便读者从宏观上理解全书的逻辑框架。每一章的后面都有"延伸阅读"，丰富读者对时空领导力相关的思想和实践的掌握；每一章的结尾还提供了"实践练习"，帮助读者更好地运用时空领导力来解决自己工作中的实际问题。

本书适合各级组织的领导者、管理类各专业的师生，以及所有希望提高自身领导能力的人士阅读。

在本书中，作者引用了很多国内外学者的理论、方法、观点和案例，在此向他们表示衷心的感谢。作者虽然尽最大努力注明了引用文献的来源，但也难免可能有疏漏之处，敬请著者谅解和指正。

和本书《时空领导力》相对应的是另一本书《领导和管理的时空理论》。这两本书依据的思想是一致的，《领导和管理的时空理论》侧重理论，《时空领导力》侧重实践，其内容共同形成完整的理论和实践体系。

感谢清华大学经济管理学院"影响力"提升计划项目（2020051008）和国家自然科学基金项目（72172071，71772099）的资助。感谢我的学生们在本书写作的过程中给予的支持和帮助。感谢我的家人和朋友们给予的支持和鼓励。感谢清华大学出版社高晓蔚编辑的热心支持和大力帮助，使得本书得以面世，呈现给广大读者。感谢您——亲爱的读者，感谢您读这本书。希望本书对您有所帮助。

由于作者的时间和水平有限，书中难免有不妥之处，希望不吝指正。我将不断改进，使其日臻完善。

陈国权
2022 年春天于北京清华园

本书思维导图

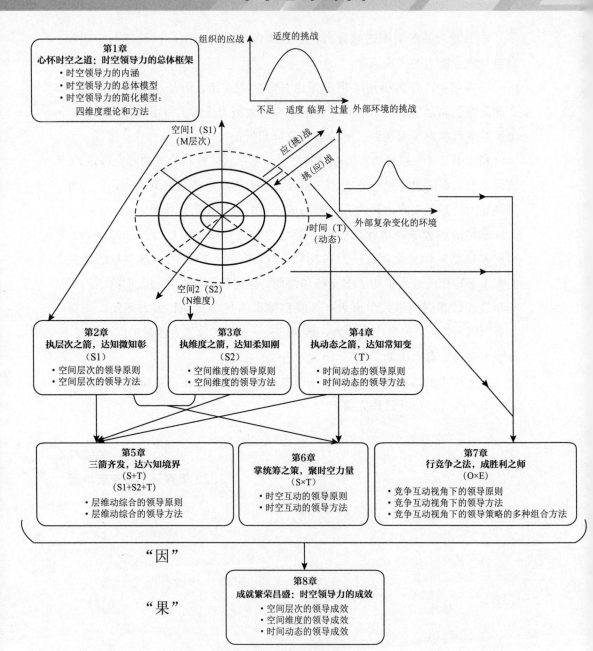

第1章
心怀时空之道：时空领导力的总体框架
- 时空领导力的内涵
- 时空领导力的总体模型
- 时空领导力的简化模型：
  四维度理论和方法

组织的应战　　适度的挑战

不足　适度　临界　过量　外部环境的挑战

空间1（S1）
（M层次）

应（挑）战

挑（应）战

外部复杂变化的环境

时间（T）
（动态）

空间2（S2）
（N维度）

第2章
执层次之箭，达知微知彰
（S1）
- 空间层次的领导原则
- 空间层次的领导方法

第3章
执维度之箭，达知柔知刚
（S2）
- 空间维度的领导原则
- 空间维度的领导方法

第4章
执动态之箭，达知常知变
（T）
- 时间动态的领导原则
- 时间动态的领导方法

第5章
三箭齐发，达六知境界
（S+T）
（S1+S2+T）
- 层维动综合的领导原则
- 层维动综合的领导方法

第6章
掌统筹之策，聚时空力量
（S×T）
- 时空互动的领导原则
- 时空互动的领导方法

第7章
行竞争之法，成胜利之师
（O×E）
- 竞争互动视角下的领导原则
- 竞争互动视角下的领导方法
- 竞争互动视角下的领导策略的多种组合方法

"因"

"果"

第8章
成就繁荣昌盛：时空领导力的成效
- 空间层次的领导成效
- 空间维度的领导成效
- 时间动态的领导成效

说明：T 为 time（时间）的缩写，S 为 space（空间）的缩写，O 为 organization（组织）的缩写，E 为 environment（环境）的缩写。S1 表示层次空间，S2 表示维度空间，M 表示空间层次的数量，N 表示空间维度的数量，T 表示时间。+ 表示叠加作用，× 表示交互作用。

目　录

第 1 章　心怀时空之道：时空领导力的总体框架 / 1

1.1　时空领导力的内涵 / 1

1.2　时空领导力的总体模型 / 3

1.3　时空领导力的简化模型：四维度理论和方法 / 10

延伸阅读 / 17

  1. 关于外部环境分析的方法 / 17

  2. 时空领导力的培养方法 / 18

实践练习 / 20

第 2 章　执层次之箭，达知微知彰 / 21

2.1　空间层次的领导原则 / 21

2.2　空间层次的领导方法 / 23

延伸阅读 / 37

  领导者自身的言行对整个组织的影响 / 37

实践练习 / 38

第 3 章 执维度之箭，达知柔知刚 / 41

3.1 空间维度的领导原则 / 41

3.2 空间维度的领导方法 / 51

延伸阅读 / 66

1. 中国古代智者关于纵横捭阖的思想 / 66

2. 国际政治学者关于国家层次的软实力和硬实力的观点 / 66

实践练习 / 67

第 4 章 执动态之箭，达知常知变 / 69

4.1 时间动态的领导原则 / 69

4.2 时间动态的领导方法 / 75

延伸阅读 / 83

1. 从《周易》中获得应对变化的领导智慧 / 83

2. 关于变化的周期性观点 / 92

3. 关于变化的不确定性观点 / 93

实践练习 / 105

第 5 章 三箭齐发，达六知境界 / 107

5.1 层维动综合的领导原则 / 107

5.2 层维动综合的领导方法 / 109

延伸阅读 / 117

1.《大学》中关于人多层次发展的思想 / 117

2.《道德经》中关于人多维度能力的思想 / 117

3.《论语》中关于人进行学习的思想 / 118

4.《中庸》中关于人进行学习的思想 / 119

5.《大学》中关于人进行创新的思想 / 119

实践练习 / 121

第 6 章　掌统筹之策，聚时空力量 / 123

6.1　时空互动的领导原则 / 123

6.2　时空互动的领导方法 / 127

延伸阅读 / 131

1.《大学》论述财富创造中关于时空兼顾的观点 / 131

2.《孙子兵法》论述形成势的原理中关于时空兼顾的观点 / 132

实践练习 / 133

第 7 章　行竞争之法，成胜利之师 / 135

7.1　竞争互动视角下的领导原则 / 135

7.2　竞争互动视角下的领导方法 / 153

7.3　竞争互动视角下领导策略的多种组合方法 / 158

延伸阅读 / 164

1. 关于文明发展的种族论、环境论和互动论 / 164

2. 适度的挑战对人和组织成功的影响 / 165

3. "三声炮响"对中国社会的影响 / 166

4.《孟子》中关于磨炼对人成长重要性的观点 / 167

5.《中庸》中关于适度磨炼对人成长重要性的观点 / 167

6.《孙子兵法》中关于战争中"藏"和"动"的观点 / 168

实践练习 / 168

第 8 章　成就繁荣昌盛：时空领导力的成效 / 170

8.1　空间层次的领导成效 / 172

8.2　空间维度的领导成效 / 178

8.3　时间动态的领导成效 / 184

延伸阅读 / 188

　　1.《黄帝内经》中关于管理好个人健康的阐述 / 188

　　2.《孙子兵法》中关于在空间视角不同层次上获胜的阐述 / 191

　　3. 费孝通先生关于全人类和谐共生的阐述 / 192

　　4. GB/T19580《卓越绩效评价准则》中关于组织不同维度绩效评价的阐述 / 192

　　5.《孙子兵法》中关于在时间视角方面获胜的阐述 / 193

　　6.《ISO 14000 环境保护标准》中关于组织可持续发展管理要求的阐述 / 194

　　7. 中国领导人对"窑洞之问"的回答 / 195

实践练习 / 195

第1章

心怀时空之道：时空领导力的总体框架

1.1　时空领导力的内涵

当今的组织面临复杂多变的、机会和挑战并存的环境。一个组织要取得并保持可持续的竞争优势，需要内心强大、有大智慧的领导者。笔者提出时空领导力的目的在于建立一种新的领导思维和领导能力[①]。

时空领导力的内涵是：领导者通过时间和空间两个视角，多层次、多维度和动态地对组织进行认识和分析、设计和决策，采取适当的行动和举措，使组织取得良好的表现，并保持可持续生存和健康和谐发展的能力。时空领导力的关键词首先是时间和空间两个视角。更具体地说，从空间视角来讲是多层次和多维度，从时间视角来讲是动态，所以空间和时间两个视角落实在具体方面就是多层次、多维度和动态，简称"层—维—动"。

时空领导力的目标是让领导者能运用时间和空间的总体系统观来分析和设计组织，站在不同的层次、不同的维度、不同的时间变化方面来考虑组织面临的问题和解决方案。不同层次指的是有时候需要着眼于宏观，有时候需要着眼于微观，但并

① 陈国权. 领导和管理的时空理论 [J]. 中国管理科学，2017，25（1）：181-196.

不强调哪个层次更好；不同维度指的是要根据情况来改变维度，但并不强调哪个维度更好；不同时间指的是要站在不同的时间点上看待问题，能够对组织发生的不同情况做出有针对性的决定，但并不强调哪个时间点更好。

这样的思维方法和中国传统文化以及一些领导者的讲话是吻合的。清代陈澹然曾说："不谋万世者，不足谋一时。不谋全局者，不足谋一域。"要让一个决策具有生命力，领导者就要考虑更长的时间、更大的范围，这其中就包含了时间和空间的概念。著名哲学家冯友兰曾说："《周易》不仅是中国的，也是东方的，更是世界的，不仅是古代的，也是现代的，更是未来的。"邓小平关于教育曾经提出："教育要面向现代化，面向世界，面向未来。"其中，面向未来是时间观念，面向世界是空间观念。陈继儒在《小窗幽记》中写道："花繁柳密处，拨得开，才是手段；风狂雨急时，立得定，方见脚跟。"很多著名的论断都同时包含时间和空间的概念。

中国西汉的《淮南子》中有这样的论述："往古来今谓之宙，四方上下谓之宇。""宙"代表时间，"宇"代表空间。所以笔者用"时空"命名这个理论，提出"时空领导力"的概念，表达了我们要建立更为宏大和具有普世性的理论的愿望，强调了我们需要具有认识和影响世界的全局意识。全局意识不仅强调空间上的全面性和系统性，还强调时间上的动态变化，在此基础上将时间和空间加以整合，强调时间和空间是相互依存的、不可分割的统一体。例如时间是通过空间的改变来定义的，比如一年就是地球绕太阳转了一圈，一个月就是月球绕地球转了一圈。因此，时间和空间是不可分割的统一体，如果二者割裂，就会出现问题。

中文是象形文字，也是二维文字，其书写形态和发音特征具有视觉和听觉的冲击力，从某种意义上可以认为带有一定的"能量"。所以用"时空"命名理论，从认知的角度表达了伟大的领导者应该具有的智慧，从情感的角度表达了伟大的领导者应该具有的情怀。情怀可以是对历史、现在和未来是否关心，比如做一件事是否尊重历史、是否善于利用历史资产并从中学习，是否关注当下、是否着力解决当前的现实问题，是否考虑到未来、是否考虑到子孙后代的幸福，这些都反映了时间上的情怀。在空间上，比如作为部门主管，不仅关心自己管理的部门，也从组织的角度出发考虑部门应该如何适应组织的战略，地区领导者考虑到国家，国家领导者考虑到全球，这些都是情怀的表现。

1.2 时空领导力的总体模型

笔者将领导的对象——组织比喻为包含时间和空间因素的时空系统（time-space system）。基于这个比喻，笔者提出领导者可以从时间（T: time）和空间（S: space）两个视角来领导组织。其中，从空间视角来看，领导组织系统可以多层次和多维度地进行；从时间视角来看，领导组织系统可以动态地进行，强调学习和创新。同以往的领导力模型相比，时空领导力的思想不仅丰富了领导理论，而且为领导者认识和分析组织提供了系统和动态的指导，从而使领导者能够在有限的资源条件下做出更优化的决策，采取更有效的行动，推动组织的全面和可持续健康成长，进而促进整个社会健康和谐的发展和进步。

时空领导力的总体模型如图 1-1 所示。

总体来说，这张图的左边是组织，右边是组织所处的环境，两个箭头代表组织和环境之间的关系，也就是挑战和应战的关系。图的上方表示外部环境对组织的挑战程度和组织应战效果之间的关系。其中，横坐标是环境对组织的挑战程度，纵坐标是组织应战的效果。这条倒 U 型曲线表明了组织和环境之间关系的不同程度如何影响组织应战的成效。因此，这张图是由组织、组织所处的环境、组织和环境之间挑战和应战的关系，以及环境对组织不同程度的挑战带来不同程度的应战效果之间的关系组成的。

这张图的右下角是"六知论"，这是时空领导力理论的另一种表达方式。其中，"知微知彰"对应"空间的层次"，"知柔知刚"对应"空间的维度"，"知常知变"对应"时间的动态"。

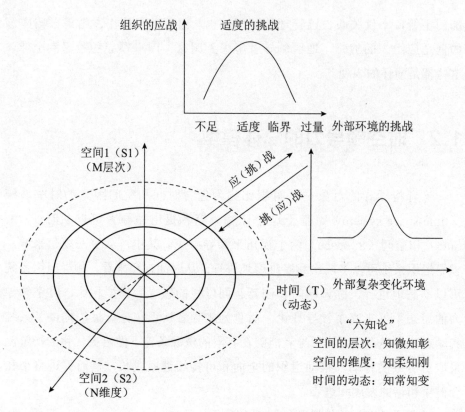

图 1-1 时空领导力的总体模型

1.2.1 从空间视角的层次方面来领导

基于时空领导力的模型，从空间视角的层次方面，可以将组织从微观到宏观划分为多个层次，图 1-2（a）中，代表组织层次的 M 个同心椭圆从内向外分别代表个人、群体、组织、国家、社会等 M 个层次，这一分类也符合大多数学者对组织的研究分析。图中的 M 层表示其他无法完全列举的层次。这体现了空间层次视角下时空领导力理论的开放性。

另外，每个层次内部、不同层次之间的多个主体间是相互作用的。譬如，个体、群体和组织三个层次都包含不同的主体，在每个层次内，不同主体是相互作用的；此外，不同层次的主体之间，譬如，个体、群体和组织所分别包含的主体也会跨层次相互作用，如图1-2（b）所示。

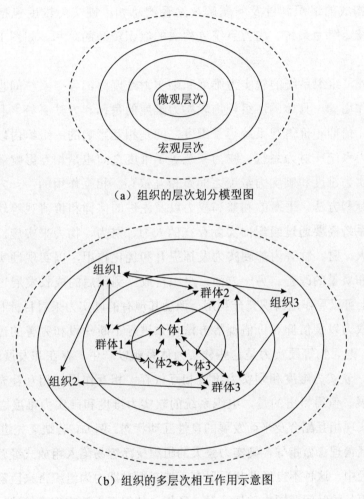

（a）组织的层次划分模型图

（b）组织的多层次相互作用示意图

图 1-2　时空领导力：空间视角的层次方面（S1 空间）示意图

1.2.2　从空间视角的维度方面来领导

基于时空领导力的模型，从空间视角的维度方面，可以将组织划分为多个维度。在组织层次，可以将组织划分为软实力维度和硬实力维度。其中，软实力维度包括组织的目标和方法系统、利益和权力系统、信仰和价值观系统等构成的组织制度及问题解决途径的总和；硬实力维度包括组织的人力系统、财力系统、物力系统等构成的组织资源的总和。如图 1-3（a）所示。

另外，组织系统的软实力维度和硬实力维度内部各个系统间也是相互影响和作用的。具体的，组织内软实力维度的目标和方法系统、利益和权力系统、信仰和价值观系统等子维度之间是相互影响的；组织内硬实力维度的人力系统、财力系统、物力系统等子维度之间也是相互影响的。进一步，软实力维度和硬实力维度之间是相互依存、相互作用的。一方面，高效的目标和方法、平衡的利益和权力以及先进的信仰和价值观等软实力维度的子系统需要通过组织内实际存在的人力、财力、物力来实施，并会进一步对人、财、物等内部硬实力发挥提升和优化作用，以实现硬实力总量的增加和质量的改善。另一方面，组织自成立到日后的成长发展过程在很大程度上可以看作是组织充分利用、调动其现有的硬实力来对目标和方法、利益和权力以及信仰和价值观等方法体系进行不断建设和完善的过程，其中，人、财、物等硬实力是这些软实力体系赖以产生、存在和发展的载体。整体上，软实力维度和硬实力维度相互依存、相互作用、相互补充，实现共同发展。值得指出的是，组织系统的软实力维度和硬实力维度之间更要进一步实现相互配合及平衡发展的良性互动状态。例如，若缺乏先进、健康、和谐的经营理念做指导，硬实力强大的组织反而容易陷入粗放式经营的不良成长路径中，这种不良经营状况虽有可能在短时期内为组织带来巨额利润，但会在更长的时间范围内破坏资源、环境，使组织无法实现可持续发展。

同时，不同层次内的各个维度之间也是相互作用的，如组织的目标和方法系统与群体的目标和方法系统、个人的目标和方法系统之间也是相互影响的，如图 1-3（b）所示。

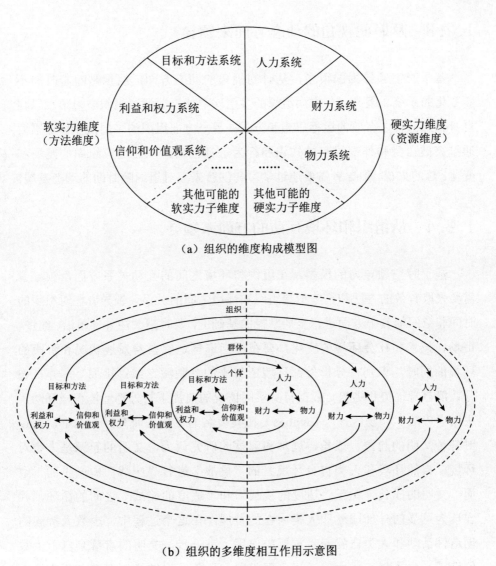

（a）组织的维度构成模型图

（b）组织的多维度相互作用示意图

图 1-3 时空领导力：空间视角的维度方面（S2 空间）示意图

说明：图中的竖直虚线将组织系统划分为软实力维度和硬实力维度，虚线左侧代表包含目标和方法系统、利益和权力系统、信仰和价值观系统等的软实力维度，虚线右侧代表包含人力系统、财力系统和物力系统等的硬实力维度。

1.2.3　从时间视角的动态方面来领导

基于时空领导力的模型，从时间视角的动态方面，组织是随着时间不断变化的系统。因此，一方面组织的多层次主体需要通过组织学习传承以往自身和外部行之有效的运行思想和方式；另一方面组织的多层次主体还需要通过突破自身和外部已有的知识和行为进行创新，从而适应组织的发展和变化。总的来说，领导者需要通过学习和创新来应对组织随时间的动态发展。

1.2.4　从组织和环境互动的方面来领导

基于时空领导力的模型，在组织和环境之间的互动关系方面，领导者需要采取有效的方法和措施把握组织和环境之间的关系。领导者在对组织的时间和空间的各个方面进行全局掌控的基础上，要时刻关注外部政治、经济、市场、技术和社会环境的变化，要在适当选择适宜自身发展状况和阶段的环境的同时，识别、分析外部环境所带来的"刺激"或"挑战"，并在充分认清自身优势和劣势、依据自身实际情况的前提下与外部环境积极互动，主动"应战"。汤因比（Toynbee）在其著名的《历史研究》一书中，通过对各种文明的起源、成长、衰落和解体的研究认为，文明的起源是人类对环境（自然环境和人类自身环境）的"挑战"进行"应战"所产生的。继而，文明的成长来源于"适度的挑战"和"适度的应战"之间的循环，并表现为可显的外部成就和人类内在的发展。在这个过程中，少数人持续的创造性活动和人类自省起着重要的作用。进一步，文明的衰落来自于少数创造者丧失了创造能力，道德出现问题，角色发生转换，多数人相应地撤回了他们的追随与模仿，整个社会失去了自决能力和应战能力。继而，文明的解体最终源于少数人创造力的消失和灵魂的堕落，即社会中的个体行为、情感和生活方面出现危机。整体上，汤因比对人类历史文明的研究启发了笔者的深入研究，与其对人类文明和环境的互动模式的研究结论一致，笔者认为正是出于对外部环境的"挑战"的富有创造性的成功的"应战"，和组织领导者的创造冲动，组织得以产生和壮大，而随着创造力的消失以及行为、情感、认知等方面的衰落，组织最终会走向衰退。

同时，汤因比强调，文明的降生需要强有力的刺激，但挑战却不能过于严厉，以超出应战者所能应付的地步，因为这样会突破创造力发挥的极限，从而扼杀了人们的创造能力，导致文明的起源付之东流。汤因比在其著作中将环境的刺激程度分为不足、适度、临界和过量四个等级，并认为文明的成长来源于"适度的挑战"和"适度的应战"之间的循环，有效的刺激应该位于刺激不足和刺激过量之间的某一点上，"挑战"和"应战"之间的交互作用关系呈现出某种规律。

受此启发，笔者认为组织的建立、发展来源于外部复杂变化环境"适度的挑战"及组织对其"适度的应战"之间的互动循环，而在复杂程度和变化程度不同的外部环境中，介于不足和过量之间的"适度的挑战"会为组织的建立和发展提供有效的外部刺激。一方面，不足的环境刺激无法有效促进领导者带领其组织进行创造性应战；另一方面，过量的环境刺激会对组织产生过于严厉的要求，超出领导者创造力所能发挥作用的边界，最终导致组织的衰退。因此，与汤因比对全球文明起源发展的研究结论相一致，笔者认为在某一临界点之前，适度的环境刺激会促使领导者带领组织进行创造性活动，这种"适度的应战"行为会为组织的发展、壮大提供机会。相应的，领导者也应有意识地带领组织寻找、利用具有"适度的挑战"的外部环境，以实现自身的良性发展。根据汤因比的思想，笔者绘制了不同程度的组织外部环境挑战与组织应战之间的互动效果，如图1-4所示。

汤因比所谓的"应战"是人类文明对环境"挑战"的一种应对行为，其更多地体现了人类文明主体对外部刺激的被动反应。在此基础上，笔者提出，在被动应对外部环境的变化性和复杂性的同时，其实组织也可以发挥主观能动性，采取相关的行动影响外部环境，这意味着组织主动地对组织外部环境的某些因素进行刺激或"挑战"。譬如，通过采取适度及符合自身实际状况的战略计划和竞争策略等主动进入市场，影响竞争对手，甚至制定行业规则，这些都有助于组织取得持续的竞争优势。波特（Porter）

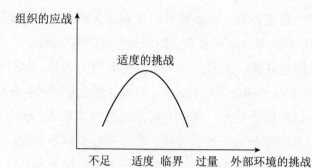

图 1-4 外部环境的"挑战"和组织的"应战"关系示意图

曾提出为了达成竞争优势，组织可采取差别化战略、低成本战略及客户聚焦战略；陈明哲的动态竞争战略也详尽地描绘了组织主动的竞争性行动及竞争对手的响应之间来回互动的过程。

因此，在整体上，组织不仅要对外部环境中的"挑战"进行积极的"应战"，也要主动地在适宜的时间和环境下对外部环境发起"适度的挑战"，以获得可持续的发展动力。因此，组织与环境的关系并非单纯的合作（cooperation）或竞争（competition），也非简单的竞合（co-opetition），而是在相互依赖、相互影响和相互作用下的共同进化（co-evolution）。

因此，面对复杂变化的外部环境，组织的领导者要在具备多层次、多维度的动态管理能力的同时，积极识别环境中的波动和变化，应对和发起挑战，在和环境的互动过程中成长。

1.3 时空领导力的简化模型：四维度理论和方法

笔者将组织比喻为时空系统，提出了时空领导力理论，开创性地将时间和空间联系起来，提倡领导者要以全面、系统、动态的视角认识和分析组织管理及日常经营活动。其中，空间视角 1（S1）强调了多层次及其之间的相互作用，空间视角 2（S2）强调了软实力维度和硬实力维度及其之间的相互作用，时间视角（T）强调了学习和创新对传承管理经验和应对环境变化的重要意义。在完整的时空领导力理论框架的基础上，笔者提出了时空领导力理论的简化模型，如图 1-5 所示。

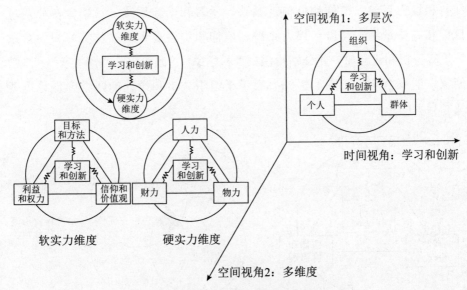

图 1-5　时空领导力理论的简化模型示意图

在上述简化模型中，下面重点讨论组织设计分析的四维度理论和方法。

基于时空领导力的整体框架，从组织层次出发，空间 2 视角中的软实力维度是有助于领导者认识和分析组织的理论、方法和工具的总和，领导者只有同时从目标和方法系统、利益和权力系统、信仰和价值观系统这三个系统对组织进行设计和考量，才有可能使组织获得成功。

进一步的，考虑上述三个系统有助于组织在一定时间阶段内实现目标，并能够做到适应现在和可预见未来的环境。由于环境是变化的，为了促进组织适应不断发展的环境，并将这种适应变化的能力包含在组织设计中，领导者必须将学习和创新系统，即时间视角包含在组织整体系统中，学习和创新系统在组织发展的过程中会发挥调节作用（如图 1-6（a），学习和创新系统的调节作用采用弹簧形式表示），会促进组织目标和方法系统、利益和权力系统、信仰和价值观系统三者保持一致和平衡，也会促进这三个组织内部的系统和外部环境保持一致。

　　由此，笔者提出组织分析和设计的四维度理论模型，认为领导者可以从四个维度来对组织进行分析和设计。这四个维度包括：目标和方法系统、利益和权力系统、信仰和价值观系统、学习和创新系统。领导者在分别对目标和方法系统、利益和权力系统、信仰和价值观系统以及学习和创新系统进行分析和设计时，要分别扮演好"科学家""政治家""教育家"和"学创家"的复合角色。图1-6（b）表示了组织分析和设计的四维度理论框架及领导者的角色。

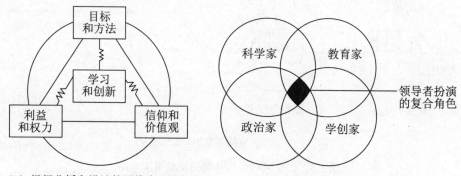

（a）组织分析和设计的四维度理论框架　　　（b）领导者扮演的复合角色

图1-6　组织分析和设计的四维度理论模型

　　说明：（a）中"学习和创新"以弹簧形式与"目标和方法""利益和权力"以及"信仰和价值观"相连接，表示"学习和创新"对这三个系统的调节作用。

　　笔者从以下几个方面来详细地阐述组织设计和分析的四维度理论和方法。

1.3.1　四维度理论和方法的内涵

　　（1）**目标和方法维度的内涵**：领导者只有非常理性，善于从客观环境的角度对组织的目标定位、发展道路、成长速度以及包括组织结构、流程和制度等在内的支持系统进行分析和设计，组织才有可能获得成功。这里的关键词是理性，理性就是理性客观、实事求是。

　　这里有几个重要参数：目标定位、发展道路、成长速度、支持系统。

领导者在确定这些参数时如何做到理性客观、实事求是呢？

第一，**目标定位**。领导者需要客观地认识现实的环境（譬如，宏观形势、行业动态、技术发展、市场情况、人文环境等），找准领导者自身的定位和组织的目标定位。定位很重要，如果定位不准确，就没有生存的机会。很多企业之所以采用蓝海战略，就是为了找到自己正确的定位。譬如，假设组织进入了一个竞争已经很充分的领域，这时候如果不采用差异化的定位，就基本没有生存的可能性。定位要有所区别、有所特色。又如，现在已经有众多的航空企业，领导者如果要建立一家新的民营航空企业，在航线的规划上可以避开与大企业的航线竞争，飞大企业不飞的航线，这就是目标定位，也就是要在整个商业系统里找到一个合适的位置。另外，目标定位不能太高，也不能太低，需要有适度难度的、但有生存机会的定位。

第二，**发展道路**。领导者需要在实现目标定位的过程中找到合适的发展道路。虽然"条条大路通罗马"，但是哪一条路是最正确的、最有效率的、投入产出比最高的？领导者要仔细衡量各种指标，选择一条适合组织的发展道路。领导者在选择发展道路时同样需要保持理性。

第三，**成长速度**。领导者在选定道路后，需要确定在这条道路上合理的成长速度。我们经常说："饭要一口一口吃，事要一件一件做""心急吃不了热豆腐""欲速则不达"、不要"揠苗助长"。一个伟大事业目标的完成有时甚至需要经过一代人或几代人的努力。因此，领导者需要尊重事物发展的客观规律，保持合理的成长速度。

第四，**支持系统**。领导者需要建立相应的结构、流程、制度和资源等体系，来帮助实现组织的目标定位、发展道路、成长速度。因为，任何目标的达成、道路的行走、速度的保持，都需要组织的结构、流程、制度和资源等支持系统的作用。

我们可以用工程上一个形象的例子来说明如何在这几个参数的确定上保持理性。譬如，工程师设计一座桥梁，需要对环境进行客观分析（桥梁所在地是什么样的地质结构），确定目标定位（桥梁要承载高铁还是汽车、多少吨位），确定发展道路（桥梁采用什么方式修建、桥墩要在地下扎多深），确定成长速度（桥梁用什么样的进度修建），确定支持系统（建筑团队采用什么样的组织结构、用什么样的设计和生产流程、采用哪些制度保障施工质量和进度、需要用什么种类和多少数量的钢筋和水泥）。所有这些方面都是有要求的，必须实事求是和理性客观，否则桥梁就修不成功，或者无法发挥正常的作用。

根据目标和方法维度系统对组织进行分析和设计，组织给人的感觉是一个有机的整体，领导者的思维方式需要像"科学家"那样进行理性的思考。组织的发展离不开理性的思维，违背科学和理性的思维，组织就会失败。领导者只有具备科学理性思维的能力，组织才能够得到良好的发展。

（2）利益和权力维度的内涵：组织是由不同的利益相关者组成的，每个利益相关者都有自身的利益诉求和相应的权力资源，因而会采用相关的方式来达到自身的目标和利益，所以组织中必然会形成各种冲突。领导者对人们的利益和权力需求非常敏感，并且只有采取有效的措施来短期和长期地平衡这些利益相关者的利益，才可能成功地领导一个组织。这里，领导者要扮演"政治家"的角色。

组织发展会产生收益，有了收益就会产生利益分配的问题。虽然企业在不断地发展和盈利，但是如果利益分配的问题不能被妥善处理，就会产生一些问题。在现实中，我们可以看到很多组织发展得不好，并不是没有效益，而是利益平衡出现了问题。所以，领导者需要审时度势，持续和动态地保持利益和权力的平衡。

（3）信仰和价值观维度的内涵：组织成员所共有的信仰和价值观对组织的发展有着重要的影响。领导者只有对组织的信仰和价值观进行有效设计和宣贯、并影响到所有的成员，组织成员才会形成一种重要的力量，促进组织的健康发展。

信仰是组织的精神力量，它包括必胜的信念、克服困难的勇气、持之以恒和坚忍不拔的作风等。价值观是崇尚的观念和行为，它包括团结协作、互相支持的观念和行为习惯等。任何组织的结构、制度、流程等方面的设计都不可能是完美的。但是，当良好的信仰和价值观融入变成组织成员的思维和行为习惯后，即使制度不是那么完美，也可以帮助组织解决问题。

领导者只有对人们的信仰和价值观等因素认识透彻，善于结合组织的外部环境、内部情况，特别是充分考虑组织成员的特征，建立合适的组织信仰、愿景、使命、价值观、思维方式和行为方式等，并以适当的方式传递给员工，积极正面地对员工的思想和行为产生影响，组织才有可能取得成功。这里，领导者要扮演"教育家"的角色。

（4）学习和创新维度的内涵： 任何组织都处于不断变化的环境中，不断受到环境的选择和影响，领导者只有带领组织成员进行持续不断的学习和创新，才能使得组织的目标和方法维度、利益和权力维度以及信仰和价值观维度能够随着环境的变化而不断调整，从而使组织保持生存和可持续发展。这里，领导者要扮演"学创家"的角色。

譬如，有一位香港企业家非常善于学习，尽管接受正规教育的时间不多，但他在社会这所大学里不断学习。《史记·货殖列传》里记载的范蠡的思想对他的影响很大，比如他很早就学习范蠡的"计然之策"，这是一种逆向投资思维，认为要在干旱的时候造船，下雨的时候造车，做好准备等待市场的需求。我们经常说"买跌不买涨"也是这个道理，一家好企业的股票跌的时候就可以趁着成本低买进，之后自然会涨。除了中国古代优秀的经典和人物之外，他也学习西方思想，比如学习富兰克林"做好人和做好事"的思想。一个人无论受正式教育程度高与否，只要能在一生中不断学习、不断创新，他带领的组织就能够不断发展。

1.3.2　四个维度之间的关系结构

组织的目标和方法、利益和权力、信仰和价值观等维度需要做出必要的调整来应对环境的变化。因此，在四维度模型中，目标和方法维度、利益和权力维度、信仰和价值观维度在一个圆上三个不同的地方形成相互支撑的体系，这三个方面直接面对环境，直接给组织带来经济和社会等方面的效益。学习和创新维度则处在图形的中央，起到和外面三个维度之间柔性连接的作用，不断调节目标和方法维度、利益和权力维度、信仰和价值观维度，使这三个维度之间能够相互匹配，而且总体上适应外部环境的变化，使组织产生良好的经济和社会等方面的效益。

1.3.3　四个维度对应领导者的角色

目标和方法维度对应的角色是"科学家"，"科学家"强调事实、数据和科学理性。利益和权力维度对应的角色是"政治家"，"政治家"强调社会公平、公正、利益分配的平衡。信仰和价值观维度对应的角色是"教育家"，领导者应该用自己的思想，包括信仰、信念、价值观、思维方式、行为方式等影响员工、消费者和社会公众，通过言传身教来履行教育的责任。员工在一个拥有很好的信仰和价值观的组织里工作，可以受到很好的学习和熏陶。学习和创新维度对应的角色是"学创家"，"学创家"既能够学习又能够创新，既能够传承又能够变革。这四个圆圈（如图 1-6（b）所示）放在一起，中间重叠的部分代表了领导者四种角色的复合体，也体现了领导者应该具有的综合素质。这里的综合素质体现了领导者在四个维度方面均有较深的理解，能够把握全局，属于"复合人才"。

1.3.4　四个维度对应的光线的颜色

太阳光平时看起来是白色的，但通过棱镜的折射或者雨后彩虹，我们发现它其实是彩色的。地球上最多的颜色是海洋的蓝色，在分析组织时，笔者用蓝色代表目标和方法维度，代表理性，科学理性的思维对领导者非常重要；用黄色代表利益和权力维度；用红色代表信仰和价值观维度，这是一种让人感觉到有激情的颜色；用绿色代表学习和创新维度，代表生机勃勃、学习创新、遗传变异、新陈代谢、推陈出新。

领导者在进行组织的分析和设计的时候，可以用代表目标和方法维度的蓝色、代表利益和权力维度的黄色、代表信仰和价值观维度的红色、代表学习和创新维度的绿色来开展工作：先分解，从每一个维度去观察，再整合，把每个维度得到的东西汇总在一起。这就好像一个人在医院做体检，先去不同的科室检查不同的项目，比如血液检查、心电图、B超等，最后再汇总所有的数据，从而得出一个人总体的健康状况。因此，采用四维度的分析方法的过程是先分解再整合、再分解再整合。

延 伸 阅 读

1. 关于外部环境分析的方法

（1）PEST分析方法

组织作为一个时空系统，与外部环境是相互作用的。外部环境可以概括为"PEST"，P（politics）是政治环境，E（economy）是经济环境，S（society）是社会环境，T（technology）是技术环境。也就是说，在组织所处的环境中，政治变化、经济变化、社会变化和技术变化都会对组织产生刺激和挑战。从政治上来讲，当前世界政治格局的改变、国与国之间政治关系的变化、国内不同群体之间利益格局的改变，都会对组织的发展产生刺激和挑战；从经济上来讲，国与国之间的经贸关系、国内产业发展政策的变化等，也都会对组织产生刺激和挑战；从社会上来讲，社会信仰、文化、价值观、人口结构等因素的改变，都会对组织的发展产生刺激和挑战。例如，新冠肺炎疫情带来了社会环境的改变，在这种情况下，竞争对手推出一个新的竞争策略、一个新的产品，都会给企业带来挑战。从技术上来讲，比如人工智能、算法、大数据、生物科技等的变化，会给各行各业带来冲击，给企业生态，包括企业运营带来巨大的挑战。例如在疫情期间，因为有腾讯会议这类数字化技术，很多企业可以实现线上办公。

以中国为例，中国所处的外部环境正在发生改变。外部环境的改变首先体现在全球政治格局的变化上，世界出现多极化的政治格局，国与国之间的政治关系也在不断地发生改变。第二个是经济环境的变化，比如中美贸易战对中国的进出口、产业结构转型和金融货币市场的稳定都带来了一定冲击。第三个是社会的变化，主要体现为社会文化、民众观念的变化等，比如全球的社会价值观越来越表现出多元化的特征。最后是科技的变化，随着时代的发展，数字技术、通信技术、信息技术等都发生了很大的变化。华为和中兴通讯等中国企业遭受美国的打压，很大程度上是由于中国的科技变化给美国带来的挑战。美国也有很多科技的变化，比如在载人航天方面，马斯克的太空探索技术公司成功实现火箭回收，这一技术节省了火箭发射的成本，支撑马斯克的"星链"计划，即在太空中布置超过一万颗卫星来提供互联网服务的计划，这不仅会改变社会的通信技术格局，也会引起世界各国军事实力格局的变化，必须引起国家的高度重视。

（2）利益相关者分析方法

对外部环境的分析还可以从利益相关者的角度进行。譬如，组织的利益相关者包括股东、员工、供应商、合作者、客户、其他企业，还有政府机构、媒体、大学和研究机构等。利益相关者的需求和权力的变化，都会对组织产生刺激和挑战。

2. 时空领导力的培养方法

领导者首先要追求"知微知彰，知柔知刚，知常知变"，但这是古今完人才可以做到的，要求很高。"君子知微知彰，知柔知刚"就会成为万人所敬仰的对象，皇帝把"四知"作为治理天下的能力，要达到"六知"就更难了。但是毛泽东在领导中国革命时期，在"知微知彰，知柔知刚，知常知变"的各个方面都做得很不错。所以"六知"是一个境界，是领导者需要追求的目标。

培养时空领导力有三个层次的方法。

（1）个人层次的方法

领导者可以通过积极学习和训练来提高"六知"的能力，还可以在企业实际工作中让自己处在不同的工作环境中，激发自己不同的能力。比如在基层团队，就要学会"知微"，在战略管理部门，要做宏观规划，就要学会"知彰"。在"柔"和"刚"方面也是如此，在财务部门，领导者需要考虑的是财务如何支持企业的融资战略；在人力资源管理部门，领导者需要考虑的是如何获得人才、如何制定企业的人力规划；在科技管理部门，领导者需要考虑的是如何策划企业的技术发展、设备改进等，这些都是培养一个人在硬实力方面的能力。在软实力方面，可以通过让一个人负责组织文化方面的工作、负责企业的激励政策等，培养一个人在软实力方面的能力。在"常"和"变"方面，可以通过让一个人制定企业的知识管理制度，把企业过去的经验总结成案例，从中获取知识，并且对标其他先进的企业，获得外部的知识经验，培养一个人"知常"的能力。"知变"能力的培养可以通过把一个人放在一个经常需要处理突发事件的部门，比如医院的急诊部，从而提高他处理突发事件的能力。很多重要领导者的培养都延用了这样的模式。因此，组织将领导者放在不同的地域、不同的省份、不同的部门、不同的岗位工作，实际上就是培养他关于"六知"的领导力。

（2）团队层次的方法

领导者可以通过其管理的团队具备这样的能力。比如通过组建高管团队，有的人"知彰"，具有宏观管理思维；有的人"知微"，专注于执行的细节；有的人"知柔"，善于做布道者的角色，能够建立和贯彻企业文化；有的人"知刚"，善于抓人、财、物做实事；有的人很有经验，可以"知常"；有的人很有创造力，可以"知变"。也就是说，领导者可以通过团队互补形成"六知"领导力。

（3）组织层次的方法

领导者还可以发动整个组织的员工，将他们调动起来分别开展"知微""知彰""知柔""知刚""知常"和"知变"等方面的工作，以及建立和运行相应的组织结构、流程和制度体系，从而提高整个组织的"六知"能力。

总的来说，领导者一是通过自身的修炼（包括学习和岗位的训练等），二是通过高管团队的组建，三是通过发动整个组织的员工、建设和运行组织体系，从而提升"六知"的能力。

实 践 练 习

读完本章以后，建议你根据自己目前在组织中所处的位置和所从事的工作，思考下面的提问，在回答的过程中可以参考相关的提示。

1. 请思考你在目前的职位上的工作状况，你认为可以考虑哪些层次，来提高在目前职位上的工作成效？

提示：基于空间视角的层次方面，你可以考虑个体、团队/部门、组织、行业、地区、国家、全球等层次。

2. 请思考你在目前的职位上的工作状况，你认为可以考虑哪些维度，来提高在目前职位上的工作成效？

提示：基于空间视角的维度方面，你可以考虑软实力维度（目标和方法系统、利益和权力系统、信仰和价值观系统等）和硬实力维度（人力系统、财力系统、物力系统等）。

3. 请思考你在目前的职位上的工作状况，你认为可以考虑哪些时间视角因素，来提高在目前职位上的工作成效？

提示：基于时间视角，你可以考虑学习方面（外部式学习、内部式学习等）和创新方面（试验式创新、想象式创新等）。

4. 请思考你在目前的职位上的工作状况，你的工作受到外部环境的刺激程度如何？你认为可以采取哪些方法和措施来对外部环境的"挑战"进行有效的"应战"？

提示：外部环境的刺激程度可以分为不足、适度、临界和过量几种类型，受到适度的刺激对你是有利的，而受到不足、临界或过量的刺激对你是不利的。除了对环境的"挑战"进行积极"应战"，你也可以主动地在适宜的时间和环境下对外部环境发起合适的"挑战"，以获得可持续发展。

5. 请思考在工作中如果同时考虑上述时间视角和空间视角这两个方面的因素，以及组织和外部环境互动过程中的因素，你会如何进行选择和优化？

提示：你的时间和资源是有限的，需要根据事情的轻重缓急选择这些方面最合适的事情的组合。

第 2 章

执层次之箭，达知微知彰

2.1　空间层次的领导原则

领导的对象是组织系统。基于时空理论，组织系统可以看成是一个多层次的结构（如图 2-1（a）所示）[①]。代表组织系统层次的 M 个同心圆从内向外分别代表个体、群体和组织，甚至扩展到地区、国家和全球等 M 个层次。

其中，处于最内部的圆代表个体，个体是组织的基本组成单位，如同生物体的细胞，在独立发挥功能的同时又和其他个体相互作用。由于每个个体的情况不尽相同，当在某个特定的时间和空间点上特定个体对组织发展能产生较大影响时，该个体就应成为领导者特别关注的对象。例如，国家女子排球队的队长对队伍的整体表现有较大影响，那么在训练和比赛过程中必定会得到教练更多的关注——这是领导者对微观层面上个体的重视。

处于个体层次外层的圆代表群体。具有某些共同属性的个体被归为一个群体，这些个体通常在一个共同目标的指引下开展工作。尽管每个群体对组织的运作来说都是重要的，但是在特定情况下某个群体可能具有更为突出的地位，甚至成为影响

---

① 陈国权 . 领导和管理的时空理论——层次分析模型 [J]. 技术经济，2018，37（8）：11-19.

自身所在的组织取得良好成效的决定性因素。例如，在里约奥运会期间，随着国家女子排球队距离决赛的时间越来越近，有关领导越来越重视女排这个群体的表现。

处于群体层次外层的圆代表组织。组织管理的最终目标是实现组织目标，因此领导者还要具有一定的大局意识。例如，国家体育管理机构中的有关领导每年在战略、结构、流程和制度等方面的行动，以及在人力、财力和物力等方面的投入，都是在组织层次上采取的举措。

上面重点阐述了个体、群体和组织三个层次的领导情况，但是基于层次视角分析组织时不应局限于上述三个层次，必要时还应上升到地区、国家乃至全球等更为宏观的层次。图 2-1（a）中虚线的圆表示组织之外更高层次的系统。考虑组织之外更高层次系统的意义在于：使人认识到，领导的范围严格来说不存在上限，领导者在做决策时应时时刻刻保持开放的态度。再采用上文的例子：国家体育管理机构的领导者不仅要关心某些个体、某些部门以及整个组织的内部事务，而且要考虑国家以及诸如国际奥林匹克委员会等国际组织，并根据有关的情况和政策变化采取有效的领导策略。

基于组织系统是一个多层次的结构，领导在工作过程中需要遵循下面的原则。

层次兼顾的领导原则：基于不同层次的工作都是重要的，领导者既要重视宏观层次，又要重视微观层次，要做到两者兼顾。

同时，由于组织内外部环境的不同，领导者还应该具体问题具体分析，根据不同的情景进行层次切换，有时应该关注微观层次，有时应该关注宏观层次。譬如，在组织发展的初期，领导者可能需要更注重微观层次的影响，重点发挥核心人员的作用；而在组织发展的中后期，领导者可能需要更注重宏观层次的影响，强调组织的结构、流程、制度、文化和价值观等方面发挥的作用。因此，领导者在工作中更应该遵循下面的原则。

层次切换的领导原则：领导者要根据实际情况，有时侧重关注宏观层次，有时侧重关注微观层次，且要善于在不同层次之间来回自如切换。

不仅如此，组织系统的不同层次之间还是相互作用的（如图 2-1（b）所示）。譬如，个体会影响群体和组织，组织也会影响群体和个体，群体也会影响个体和组织。因此，领导者在工作中还需要须遵循下面的原则。

层次转换的领导原则：领导者应该根据实际情况，有时让宏观层次影响和推动微观层次，有时让微观层次影响和推动宏观层次，建立上下相推、良性互动的流程和体系。

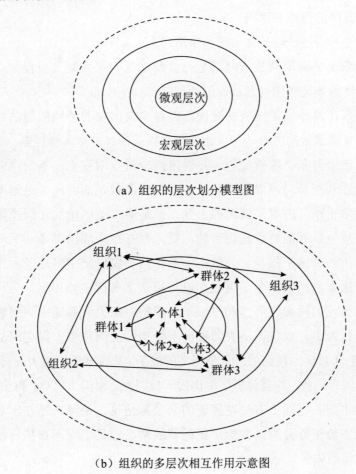

（a）组织的层次划分模型图

（b）组织的多层次相互作用示意图

图 2-1　时空领导力：空间视角的层次方面（S1 空间）示意图

2.2　空间层次的领导方法

根据上一节提出的领导原则，可以得出三种具体的领导方法：层次兼顾的领导方法、层次切换的领导方法、层次转换的领导方法。

2.2.1 层次兼顾的领导方法

层次兼顾的领导方法：领导者在实践中应该兼顾不同层次的考虑，并采取实际具体的行动和举措。

下面笔者通过一些具体的例子来阐述。

毛泽东在中国革命战争时期是一位既重视宏观战略又重视微观战术，既重视整体战争又重视局部战役的领导者。

毛泽东在领导中国抗战的时候，面对国内出现的不同的想法和态度，写了一篇非常著名的文章——《论持久战》。在《论持久战》里，毛泽东批驳了"亡国论"和"速胜论"，并提出两个重要的观点：第一，中国会取得战争的胜利；第二，取得战争的胜利需要比较长的时间。毛泽东的第一个结论非常乐观，鼓舞了国民的士气，但是第二个结论又让国民清醒地意识到取得战争胜利的过程是艰苦的，要做好打持久战的准备。毛泽东的判断给全国抗战带来了指导，关键在于毛泽东不仅仅把中日战争看作中国和日本两个国家之间的战争，更是在世界层次上考虑了以中国、美国、苏联等国家为代表的同盟国阵营和以日本、德国、意大利等国家为代表的轴心国阵营，认为中日战争在很大的程度上受到同盟国和轴心国之间战争态势的影响。毛泽东认为我们的战争是正义的战争，又通过比较两大阵营的实力，发现同盟国有优势，并且分析了中国的人口、地形和国土优势，得出东南低、西北高的中国在空间上有战略回旋的余地等结论。毛泽东站在宏观层次上对战争的态势进行分析，并给出正确的战略，这是毛泽东在抗日战争问题上宏观思维的体现。

赢得战争不仅要有正确的战略分析，也要精准地把握战略时机。战略时机的把握反映在以毛泽东为首的中国共产党领导集体在处理西安事变时所采取的态度和决策。西安事变后，张学良和杨虎城囚禁了蒋介石，国内局面动荡。以毛泽东为首的中国共产党领导集体在重要的历史关头，为了维护全国整体性的抗战局面，团结中国所有的抗日武装，主张释放蒋介石，维护蒋介石在全国抗战中的重要领导地位，促成了国共合作，停止内战，一致对外，创造了良好的抗战局面。以毛泽东为首的中国共产党领导集体在做决定时，没有计较国共两党过去的恩怨，而是站在国家和民族的层次上考虑这个问题，并且把握时机做出正确的决定，为最后取得抗战胜利建立了很好的基础。这反映了毛泽东在抗日战争问题上宏观的、战略性的思维。

除了超强的宏观思维，毛泽东也具有超强的微观思维。红军在长征过程中遇到了国民党的围追堵截。在贵州时，蒋介石亲自指挥，重兵压进，要围堵歼灭红军。毛泽东指挥红军四渡赤水，采用了敌进我退、敌退我进、声东击西等一系列有效的战术，使红军在力量很弱小的时候生存了下来，最后取得了长征的胜利，保存了红军的实力，为后来的胜利建立了基础。英国元帅蒙哥马利访问中国时见到毛泽东，称赞毛泽东指挥的辽沈战役、平津战役和淮海战役三大战役非常了不起，毛泽东却说："四渡赤水才是我的得意之笔。"这场战役足以反映毛泽东在微观上具有非常高明的指挥艺术，现在很多领导力课程也是以四渡赤水为案例讲述毛泽东的领导力。因此，毛泽东既能够从宏观上把握整个战争，也能从微观上赢得一场战役。

领导者在实践中，很多时候必须具有很强的宏观整体思维。譬如，在中国古代经典《庄子》一书中记载的"庖丁解牛"的故事，从这个故事中，我们可以看出宏观思维对人的工作行为和工作成效有重要的影响，对领导者如何掌握宏观情况，游刃有余地应对遇到的问题和挑战具有重要的启发意义。

《庖丁解牛》①

原文：

庖丁为文惠君解牛，手之所触，肩之所倚，足之所履，膝之所踦，砉然向然，奏刀騞然，莫不中音，合于《桑林》之舞，乃中《经首》之会。

---

① 方勇，译注 . 庄子：中华经典名著全本全注全译丛书 [M]. 2 版 . 北京：中华书局，2015.

文惠君曰：“嘻，善哉！技盖至此乎？”

庖丁释刀对曰：“臣之所好者道也，进乎技矣。始臣之解牛之时，所见无非牛者；三年之后，未尝见全牛也。方今之时，臣以神遇而不以目视，官知止而神欲行。依乎天理，批大郤，导大窾，因其固然，技经肯綮之未尝，而况大軱乎！良庖岁更刀，割也；族庖月更刀，折也。今臣之刀十九年矣，所解数千牛矣，而刀刃若新发于硎。彼节者有间，而刀刃者无厚，以无厚入有间，恢恢乎其于游刃必有馀地矣。是以十九年而刀刃若新发于硎。虽然，每至于族，吾见其难为，怵然为戒，视为止，行为迟，动刀甚微，謋然已解，如土委地。提刀而立，为之四顾，为之踌躇满志，善刀而藏之。”

文惠君曰：“善哉！吾闻庖丁之言，得养生焉。”

译文：

庖丁为文惠君宰牛，手触肩颈、足踩膝抵等各种动作，牛的骨肉分离所发出的砉砉响声，还有进刀解牛时哗啦啦的声音，都无不符合音乐的节奏，与《桑林》舞的节拍，《经首》曲的韵律相和谐。

文惠君说：“啊，好极了！你的技术怎么会达到这样高超的地步呢？”

庖丁放下牛刀回答说：“我所爱好的是道，已经超越技术层面了。开始我解牛时，见到的都是整体的牛；三年之后，就再也看不见整头的牛了。现在，我宰牛时全凭心领神会，而不需要用眼睛看，感觉器官的作用停止了，而专凭精神活动来行事。顺着牛身上天然的纹理，劈开筋肉的间隙，在骨节的空隙处引刀而入，顺着牛的自然结构去用刀，即便是经络相连、筋骨交错的地方都没有碰到，何况那大骨头呢！好的厨师一年换一把刀，因为他们是用刀割筋肉；普通的厨师一个月换一把刀，因为他们是用刀砍骨头。我的刀用到如今已经十九年了，宰过的牛也有几千头了，可是刀口还是像刚从磨刀石上磨出来的一样锋利。牛的骨节间有缝隙，而刀刃却薄得没有厚度，用没有厚度的刀刃切入有缝隙的骨节，宽宽绰绰，刀刃的游动运转肯定有足够的余地。所以这把刀用了十九年还是像新磨的一样。虽然这样，每碰到筋骨盘结的地方，我知道不容易下手，依然小心谨慎，眼神专注，手脚缓慢，刀子微微一动，牛就哗啦啦解体了，如同泥土溃散落在地上一般。我提刀站立，环顾四周，悠然自得，心满意足，然后把刀擦干净收藏起来。"

　　文惠君说："好啊，我听了庖丁的这番话，懂得养生的道理了。"
　　（笔者对原著的译文进行了少量的修改）

　　领导者在工作中，有时候只顾宏观思维，就会忽略一些看似不太重要的人和事情。在当今这样一个各种媒体活跃、资讯传播又快又广的时代下，领导者特别需要谨言慎行。《周易·系辞》中有一段话的原文是："子曰：君子居其室，出其言善，则千里之外应之，况其迩者乎？居其室，出其言不善，则千里之外违之，况其迩者乎？言出乎身，加乎民；行发乎迩，见乎远。言行，君子之枢机；枢机之发，荣辱之主也。言行，君子之所以动天地也，可不慎乎？"这段话的译文 ① 是："君子在家里，如果发出的言论是很美好的，那么千里之外的人都会响应他，更何况是近处的人呢？如果他在家里讲不好的话，那么千里之外的人都会违抗他，背弃他。言论出自君子之口，影响民众，行动发自君子之身，影响深远，所以言行是君子影响民众的重要中枢，是决定他荣辱的重要方面。所以作为君子，一定要重视他的言行，他的言行可以感动天地，难道可以不谨慎吗？"这段话体现了言行的重要性。

　　俗话说"听其言而观其行"。领导者好的言行对民众有非常重要的影响。一些优秀的领导者，他的言行能够给人民带来希望，带来关怀，也带来实惠，

---

① 郭彧，译注．周易：中华经典藏书 [M]．北京：中华书局，2006.

所以这些领导者能够被人们记住。但也有一些领导者，不注重自己的言语或行为，说话没有正确的政治站位，有损良好的社会风气，行为也有损人民的利益，在这种情况下，领导者极易毁掉自己的前程，这样的例子在现实生活中是非常多的。

2.2.2　层次切换的领导方法

层次切换的领导方法：领导者应该根据组织的内部情况和所处的外部环境，在必要时对不同层次的重要性进行区分和排序，有些情况下应该强调从宏观层次考虑问题并付诸行动，有些情况下应该强调从微观层次考虑问题并付诸行动；层次切换需要领导者能够不断改变思维和行动的惯性，在必要时进行宏观层次和微观层次的切换。

领导者应该学会在不同层次之间来回切换，在有些情况下从宏观层次考虑问题并付诸行动，在有些情况下从微观层次考虑问题并付诸行动。在层次切换的问题上：一方面，领导者应该基于自身所处的层次开展管理活动；另一方面，无论自身处在哪个层次，领导者都应该学会在不同层次之间来回切换。

譬如，三国时期的诸葛亮在不同的时期和环境下在宏观层次和微观层次之间进行切换。

在陈寿撰写的《三国志》的《隆中对》中，诸葛亮为先主刘备从宏观上分析了天下的形势，以及各主要人物的势力大小，并指出今后发展的战略和方向，即联吴抗魏，然后统一天下、匡扶汉室的宏观战略。

《隆中对》①

原文：

因屏人曰："汉室倾颓，奸臣窃命，主上蒙尘。孤不度德量力，

---

① 陈寿．三国志（全二册）：传世经典 文白对照 [M]．栗平夫，武彰，译．2 版．北京：中华书局，2009.

欲信大义于天下，而智术短浅，遂用猖蹶，至于今日。然志犹未已，君谓计将安出？"亮答曰："自董卓已来，豪杰并起，跨州连郡者不可胜数。曹操比于袁绍，则名微而众寡，然操遂能克绍，以弱为强者，非惟天时，抑亦人谋也。今操已拥百万之众，挟天子而令诸侯，此诚不可与争锋。孙权据有江东，已历三世，国险而民附，贤能为之用，此可以为援而不可图也。荆州北据汉、沔，利尽南海，东连吴会，西通巴、蜀，此用武之国，而其主不能守，此殆天所以资将军，将军岂有意乎？益州险塞，沃野千里，天府之土，高祖因之以成帝业。刘璋暗弱，张鲁在北，民殷国富而不知存恤，智能之士思得明君。将军既帝室之胄，信义著于四海，总揽英雄，思贤如渴，若跨有荆、益，保其岩阻，西和诸戎，南抚夷越，外结好孙权，内修政理；天下有变，则命一上将将荆州之军以向宛、洛，将军身率益州之众出于秦川，百姓孰敢不箪食壶浆以迎将军者乎？诚如是，则霸业可成，汉室可兴矣。"先主曰："善！"于是与亮情好日密。

译文：

于是先主让左右的人退下，说："汉朝衰败，奸臣窃夺皇权，主上流放在外。我不能正确估量自己的德行和能力，打算为天下人伸张大义，然而我智慧谋略浅近不足，因而屡受挫折，到今天仍是如此。但是我的志向并没有放弃和改变，您说该怎么办呢？"诸葛亮回答说："自从董卓作乱以来，群雄并起，跨州连郡的数不过来。曹操与袁绍相比，名气小而兵众少，然而曹操最终能打败袁绍，转弱为强的原因，不仅仅是天时，也有人的谋略的作用。如今曹操已经拥有百万兵众，挟持天子来对诸侯发号施令，确实不能与他正面较量。孙权占据江东，已经经历了三位主人，辖区有长江天险，又有民众拥护，还有贤能之人为他效力，这可以作为外援而不可企图吞并他。荆州北有汉水可以依据，南可获得南海之利，东面与吴郡、会稽相连，西面与巴、蜀地区相通，这是一个兵家必争之地，而它的主人却没有能力守住它，这大概是上天用来帮助将军的，将军是不是对它有意呢？益州有四面高山阻塞，肥沃的土地广袤千里，有天府的美称，当年汉高祖依靠它成就帝业。它的主人刘璋昏庸软弱，张鲁又在北面进行威胁，人口众多、地方富庶而刘璋却不知道关心爱护，有智慧才能的人都想得到英明的主人。将军既是汉朝皇室的后代，讲信义的名声四海皆知，招纳天下英雄，渴望得到贤士，如果跨有荆州、益州，凭借天然险阻保卫领土，西面与各少数民族和睦相处，南面安抚那里的少数民族，对外与孙权结好，对内改善政治；如果天下局势出现变化，就命令一位高级将领率领荆州的军队向宛县、洛阳进军，将军则亲自率领益州的兵众从汉川东出，老百姓谁敢不用竹篮乘着食物、用壶盛着饮料来迎接将军呢？确实出现像这样的局面，那么您就可以完成霸业，汉朝也可以复兴了。"先主说："好！"于是与诸葛亮的友好情谊日益加深。

（笔者对原著的译文进行了少量的修改）

而为了更好地辅佐后主刘禅治理朝廷，诸葛亮在率兵北伐之前，上书《出师表》，从很多细微的方面为刘禅提出了具体的治理方法，包括广纳各方谏言、赏罚分明、亲贤远小，还告知朝中忠臣良将的名字，希望刘禅能很好地对待和任用他们。

《出师表》[1]

原文：

先帝创业未半而中道崩殂，今天下三分，益州疲弊，此诚

---

[1] 陈寿．三国志（全二册）：传世经典 文白对照 [M]．栗平夫，武彰，译．2 版．北京：中华书局，2009.

危急存亡之秋也。然侍卫之臣不懈于内，忠志之士忘身于外者，盖追先帝之殊遇，欲报之于陛下也。诚宜开张圣听，以光先帝遗德，恢弘志士之气，不宜妄自菲薄，引喻失义，以塞忠谏之路也。宫中府中俱为一体，陟罚臧否，不宜异同。若有作奸犯科及为忠善者，宜付有司论其刑赏，以昭陛下平明之理，不宜偏私，使内外异法也。侍中、侍郎郭攸之、费祎、董允等，此皆良实，志虑忠纯，是以先帝简拔以遗陛下。愚以为宫中之事，事无大小，悉以咨之，然后施行，必能裨补阙漏，有所广益。将军向宠，性行淑均，晓畅军事，试用于昔日，先帝称之曰能，是以众议举宠为督。愚以为营中之事，悉以咨之，必能使行阵和睦，优劣得所。亲贤臣，远小人，此先汉所以兴隆也；亲小人，远贤臣，此后汉所以倾颓也。先帝在时，每与臣论此事，未尝不叹息痛恨于桓、灵也。侍中、尚书、长史、参军，此悉贞良死节之臣，愿陛下亲之信之，则汉室之隆，可计日而待也。

臣本布衣，躬耕于南阳，苟全性命于乱世，不求闻达于诸侯。先帝不以臣卑鄙，猥自枉屈，三顾臣于草庐之中，谘臣以当世之事，由是感激，遂许先帝以驱驰。后值倾覆，受任于败军之际，奉命于危难之间，尔来二十有一年矣。先帝知臣谨慎，故临崩寄臣以大事也。受命以来，夙夜忧叹，恐托付不效，以伤先帝之明，故五月渡泸，深入不毛。今南方已定，兵甲已足，当奖率三军，北定中原，庶竭驽钝，攘除奸凶，兴复汉室，还于旧都。此臣所以报先帝，而忠陛下之职分也。

至于斟酌损益，进尽忠言，则攸之、祎、允之任也。愿陛下托臣以讨贼兴复之效；不效，则治臣之罪，以告先帝之灵。若无兴德之言，则责攸之、祎、允等之慢，以彰其咎。陛下亦宜自谋，以谘诹善道，察纳雅言，深追先帝遗诏。臣不胜受恩感激。今当远离，临表涕零，不知所言。

译文：

　　先帝开创大业还没完成一半便中途离去，如今天下三分，益州国力困乏，这正是危急的时刻。然而在皇宫内侍卫陛下的臣僚却毫不懈怠，皇宫外心怀忠诚之志的官员忘我地为国家效劳，这是因为他们怀念先帝特殊礼遇，想在陛下身上给予报答。陛下确实应该广泛听取臣下的意见，以使先帝留下的美德发扬光大，使有志之士的气概得到激发，不应该随便自我轻视，谈话时引用的比喻不合理义，从而阻塞了忠言进谏的途径。皇宫相府都是一体，对两处官员进行奖赏惩罚褒扬贬低不应当不同。如果有做坏事犯法或有忠诚善良行为的，应当交给有关部门决定他的刑罚或奖赏，以显示陛下公平英名的治理原则，不应当有所偏袒，使得宫内宫外的法规有所不同。侍中、侍郎郭攸之、费祎、董允等人，都是优良诚实、志向思想忠诚纯洁的人，所以先帝把他们选拔出来留给陛下。臣认为皇宫中的事情，不论大小，都应该咨询他们，然后再施行，这样一定能够弥补缺陷疏漏，收到更多的益处。将军向宠，品性温和，行为公正，通晓军事，当初试用的时候，先帝就称赞他的能力，所以众人推举他担任中都督。臣认为禁卫军营的事务，全都应当向他咨询，必定能使将士和睦，各类人才都安排在适当的岗位。亲近贤臣，疏远小人，这是前汉所以兴隆的原因；亲近小人，疏远贤臣，这是后汉所以崩溃的原因。先帝在世的时候，每当与臣议论这件事，没有不对桓帝、灵帝的作为叹息痛心遗憾的。侍中郭攸之、费祎、尚书陈震、长史张裔、参军蒋琬，都是忠贞优良而且有节操的人，希望陛下亲近他们，信任他们，这样汉朝的兴盛就会指日可待了。

　　臣本是一介平民，亲自在南阳耕种田地，只想姑且在乱世中保全身体性命，不想在各路诸侯中名声显达。先帝不认为臣身份低贱，多次亲自屈尊前来，到臣的草舍三次看臣，向臣咨询当前的时势，臣因此而感动，便答应为先帝效力。后来碰上伐吴失利，在兵败之际接受任命，危难之中接受先帝留下的使命，从臣答应先帝效力至今，算起来已经有二十一年了。先帝知道臣谨慎，所以在临走之前把大事托付给我。自从接受先帝留下的使命以来，日夜忧心感叹，恐怕辜负了先帝的托付，因而有损先帝的英明，所以在五月渡过泸水，深入南中不毛之地。如今南方已经平定，兵器和铠甲也准备充足，应当勉励和统率三军，北上平定中原，希望能竭尽我低下的能力，扫除奸凶，兴复汉室，重回旧日都城。这是臣用来报答先帝的愿望，也是臣忠于陛下的职责本分。

至于对政事斟酌改革，进献尽忠之言，那是郭攸之、费祎、董允他们的责任。希望陛下把讨伐篡逆之贼兴复汉室的使命和任务托付给臣，如果这方面没有成效，就治臣的罪，以此告慰先帝。如果没有使陛下的品德得到提升的言论，就责问郭攸之、费祎、董允等人的轻忽，以使他们的过错公开。陛下也应该自己考虑一下，以便征询和采纳好的建议，考察采纳正直的言论，完全符合先帝的愿望。臣忍不住深受大恩的激动之情，如今就要远离，在面对这份奏表时泪流满面，不知道该说什么好。

（笔者对原著的译文进行了少量的修改）

2.2.3 层次转换的领导方法

层次转换的领导方法：领导者创造环境，使组织的"瀑布效应"和"涌泉效应"得以实现，发挥组织各个层次之间的良性促进和转换作用，从而提高组织成效。

在阐述层次转换时，笔者用自然界中的现象"瀑布"和"涌泉"来定义从宏观到微观转换的"瀑布效应"和从微观到宏观的"涌泉效应"。其实，从人的生理学的角度出发，"瀑布效应"和"涌泉效应"可以分别对应"动脉循环效应"和"静脉循环效应"，笔者用这两个概念来生动地形容微观层次和宏观层次之间的关系。动脉循环是指人体血液循环过程中，携带丰富的氧气和营养物质的鲜红色血液从心脏的左心室出发，流向全身，与组织细胞进行物质交换，保证身体的正常功能，这是从中央到地方的过程。静脉循环是指血液中的氧气和营养物质被细胞吸收后，携带二氧化碳和其他代谢产物的暗红色血液经过静脉血管流回右心房，再通过肺泡进行二氧化碳和氧气的气体交换，从静脉血变为动脉血回到左心房，这是从地方到中央的过程。动脉循环代表了从宏观层次到微观层次的影响过程，例如组织好的东西要影响到每一个个体，静脉循环代表了从微观层次到宏观层次的影响过程，但是自下而上的意见和建议必须经过审核和优化，也就是静脉血转变为动脉血，才能为组织所接受。

在自然界，只有兼具瀑布效应和涌泉效应，大自然才更加富有生机和活力。在人体中，只有兼具畅通的动脉循环和静脉循环，人的身体才会更加健康。从水的角度来说，自然界之所以能够保持生机和活力，在于从天到地的下雨过程以及从地到天的水的蒸发过程。海洋或者陆地的水蒸发到天空，水蒸气上升遇冷凝结成水滴，下雨滋润庄稼。天地之间下雨和蒸发是水，瀑布和涌泉是水，动脉循环和静脉循环也是水，实际上都是类似的自上而下、自下而上，从宏观到微观、从微观到宏观，从中央到地方、从地方到中央的过程。

所以领导者要在组织内部建立宏观层次和微观层次之间上下相推的流程和体系，让多层次之间有信息和知识的充分交流，这是领导者重要的职责。"瀑布效应"和"动脉循环"意味着领导者要采用各种有效的方式，制定流程和制度，让组织的宏观政策、领导者的意图、组织的最佳实践贯穿到基层，影响每一个基层员工，这对于历史悠久、积淀深厚的组织来说尤其重要。"涌泉效应"和"静脉循环"意味着领导者可以建立良好的制度，让每一个员工都可以发挥自己的创造性和积极性，为组织的创新和发展提供好的想法和思路等。

七天酒店的领导者在管理中采用了层次转换相关的实践，通过设计组织结构或制定政策促进各个层次之间的相互促进和转化，使得"瀑布效应"和"涌泉效应"都得以实现。该酒店采用扁平化管理，建立了以分店店长为中心的组织结构。为了支持和监督店长和分店，总部建立了人事、收益、销售和服务四个支持中心（简称"四线"），以及品质、安全、财务和文化等一般性的职能部门。"四线"的主要职责是给予各分店充分的支持和帮助，并履行一定的监督作用。譬如，收益支持中心为分店提供各种分析数据，使分店了解自身在集团所有分店中绩效等方面的排名情况，分店在获得这些数据后可自主采取相应的措施。其他一般性职能部门主要负责质量和安全管理、财务稽核和文化建设等事务。例如，总部设有"文化官"，负责公司文化的宣传和贯彻。该企业通过构建四线，推动了在层次方面自上而下的作用，实现了"瀑布效应"。同时，为了发挥店长的最大潜能，该酒店从全国店长中选出近十名组成委员会，定期提出并讨论公司管理中的重要议题、各项管理制度的合理性以及如何改进，与总部四线等部门主管一起讨论并对建议的方案进行优选。各委员由店长和员工投票选出，代表其他店长和员工的利益和意见。该委员会在基层店长与上层总部之间建立了对话交流机制，能很有效地将一线的信息和经验快速反映给公司总部，形成对整个公司有利的政策和运作方法。这种委员会的组织方式保障了组织里自下而上的影响，实现了"涌泉效应"。

海底捞制定了良好的制度和规范，使每个员工的服务在很多方面都可以做到标准化、规范化，保证企业的服务质量，形成"瀑布效应"。海底捞的领导者给予基层员工很多关怀和决策权，这样更好地激发了他们的积极性和创造性，形成"涌泉效应"。

江中制药的高层领导者发现以往中药的生产特别依赖经验和诀窍，但是很少把它上升到规范的制度和流程。因此，他提出在企业内部建立规则文化，每个员工都要提炼工作中所有可能变成规章制度的经验诀窍，通过审核后成为组织层次的正式规章制度。组织为此专门成立了由人力资源部门主管领头的规则文化实施活动，提出"人人讲规则，事事讲规则"的口号，并通过员工培训，在刊物上刊登每个员工在写规则过程中的收获来宣传规则文化，还新设立了规划师的职位。组织发动每个员工贡献自己的聪明才智，将个人层次的知识上升为组织层次的知识，形成"涌泉效应"，一旦形成了组织制度,公司就用这些制度来影响每一个员工的行为,形成"瀑布效应"。

因此,七天酒店、海底捞和江中制药的领导者都采取了有效的措施在组织内实施"瀑布效应"和"涌泉效应",只是在顺序上有所差别。七天酒店既建立了四线机构,通过四线制把规则规范向下贯彻到每个分店,也建立了立法委制度和区域执政官制度把基层的经验向上传递到更高的层次,因此是同时开展"瀑布效应"和"涌泉效应"。海底捞是先有"瀑布效应"后有"涌泉效应"。而江中制药首先是将基层的经验知识上升为组织的制度,再把组织好的制度和实践向下传递,因此是先有"涌泉效应",再有"瀑布效应"。

这里还需要特别指出的是,在当今信息和知识爆炸的时代,领导者需要与时俱进,充分发挥每一个员工的积极性和创造性,促进组织的成长。领导者可以通过很多创新的手段促进"涌泉效应"和"静脉循环效应",使组织基层个人好的想法和行为等有效地上升到组织层面,形成组织总体的财富。一个优秀的领导者要充分发挥组织的"人口红利"。"人口红利"是讨论国民经济时常用的概念,一个国家的人口多,尤其是年轻人多,就有更多的生产力和创造力,社会就会充满生机和活力。这里的人口红利指的是组织的领导者要充分了解一个道理:组织是通过所有人而不是少数几个人的努力而取得业绩的,因此领导者不能总是自己操心所有的事情,他必须充分地信任授权下属,不仅要把任务交给员工执行,有时候还要把提出创造性想法和组织最佳实践的机会交给员工,激发和调动每个员工的资源、创造性和热情,通过所有人的努力达成组织的目标和绩效,从而使组织取得更大的成功。也就是说,领导者需要采取"3H"领导方式,不仅要使用员工的手(hand),还要使用员工的大脑(head),更要能够激发员工的心(heart),领导者通过影响员工的三个"H",充分发挥员工的热情和能力,这样才能群策群力,使组织良性发展。任何组织、制度和流程都不是完善的,没有最好只有更好,组织中的每个人、每个团队都有义务为更好的组织添砖加瓦。所以,组织的领导者要善于在组织里建立上下相推的流程和体系。

譬如,字节跳动公司强调"自驱型员工"和"分布式决策"的管理理念。

在"自驱型员工"中，领导者给予员工充分的授权和支持，创造有利于员工成长的环境和氛围，从而充分激发员工的自主性和积极性。大量优秀的自驱型人才使得字节跳动具备"分布式决策"的能力，可以有效运用集体智慧，从而提高企业的决策能力、应对不确定性的能力、创新能力等。

延 伸 阅 读

领导者自身的言行对整个组织的影响

领导者需要特别注意自身的言行对整个组织的影响。我国重要的著作《大学》就阐述了领导者个人的行为对整个国家其他人的影响。从中我们可以看出，领导者应该在工作中发挥自己行为的示范作用。

《大学》

原文：

所谓平天下在治其国者：上老老，而民兴孝；上长长，而民兴弟；上恤孤，而民不倍。是以君子有絜矩之道也。

所恶于上，毋以使下；所恶于下，毋以事上；所恶于前，毋以先后；所恶于后，毋以从前；所恶于右，毋以交于左；所恶于左，毋以交于右：此之谓絜矩之道。

译文：

要使天下太平在于首先治理好自己的国家，这是因为：处于上位的人能够尊敬老人，那么民众就会兴起孝敬之风；处于上位的人能够尊重长辈，那么民众就会兴起敬长之风；处于上位的人若能抚恤孤儿，那么民众照样不会违背这一公德。因此，君子要有推己度人以协调平衡人际关系的絜矩之道。

自己若厌恶处在上位的人对待自己的某种行为，那就不要用

同样的行为去对待处于下位的人；自己若厌恶处于下位的人对待
自己的某种行为，那就不要用同样的行为去对待处在上位的人；
自己若厌恶前辈对待自己的某种行为，那就不要用同样的行为去
对待后辈；自己若厌恶后辈对待自己的某种行为，那就不要用同
样的行为去对待前辈；自己若厌恶右边的人对待自己的某种行为，
那就不要用同样的行为去对待左边的人；自己若厌恶左边的人对
待自己的某种行为，那就不要用同样的行为去对待右边的人。这
就叫做道德上推己度人以达到人与人之间协调平衡的絜矩之道。

（笔者对原著的译文进行了少量的修改）

实践练习

读完本章以后，建议你根据自己目前在组织中所处的位置，思考下面
的提问，在回答的过程中，可以参考相关的提示。

一、层次兼顾

1. 如果让你在现在职位上用偏宏观的层次来思考，你认为可以做哪些
工作，来提高在目前职位上的工作成效？

提示：如果你是组织的高层管理人员，偏宏观的思考是指：站在更高
的层次上，考虑国家的政策方针、行业的发展趋势、社会的潮流变化等，
从而思考组织当前和今后的发展。

如果你是组织的某个部门主管，偏宏观的思考是指：站在更高的层次
上（如整个组织）来思考部门的发展，从总体上制定部门的发展目标、方向、
路径，利益和权力的分配机制，文化和价值观的制定和落地措施，人力系统，
物力系统、财力系统等。

2. 如果让你站在现在职位上用偏微观的层次来思考，你认为可以做哪
些工作，来提高在目前职位上的工作成效？

提示：如果你是组织的高层管理人员，偏微观的思考是指：考虑下面
某些部门的发展目标、方向、文化，关注个别的员工以及特殊的事件对组

织的影响等。

　　如果你是组织的某个部门主管，偏微观的思考是指：思考如何对每个员工进行个性化管理、如何处理一些"小"事、如何关注一些重要的细节、如何做到"勿以善小而不为，勿以恶小而为之"、如何做到"谨言慎行"等。

　　3. 请思考在工作中如果同时兼顾上述宏观和微观方面的工作，你会如何进行选择和优化？

　　提示：你的时间和资源是有限的，在兼顾宏观和微观方面，要根据事情的轻重缓急选择宏观和微观方面最合适的事情的组合。

　　二、层次切换

　　请思考你在目前的职位上的工作状况，你目前的工作是更偏宏观还是更偏微观？你认为你目前的工作重点是否需要改变？要么是从当前偏宏观转向今后偏微观的工作，要么是从当前偏微观转向今后偏宏观的工作。

　　提示：你需要根据组织发展的需要和职位的现状不断对宏观和微观上的工作进行动态调整和切换。切换的依据是要对宏观和微观上的事情进行优先级的识别和排序。譬如，如果组织或部门中的员工很努力，但是方向不对，这时候你不能只顾"低头拉车"，而要"抬头看路"，把重点放在调整宏观的大方向上。反之，如果组织或部门的大方向正确，但战略不能落地，这时候你要抓落实和执行，注意每一个具体的行动方案、细节和人员。

　　三、层次转换

　　1. 你的组织里宏观层次正确的政策、制度和文化等是否可以有效地向下影响到每个部门和个人，即"瀑布效应"如何？你可以采取哪些具体的措施和行动来加强"瀑布效应"？

　　提示：产生"瀑布效应"的方法包括：自上而下地垂直管理（如战略和目标逐层向下分解、制度和标准层层向下推进等）、自上而下的政策和文化方面的宣贯、全员培训等。

　　2. 你的组织里微观层次个人或部门好的做法、经验、教训和知识是否可以有效地向上传递到更高的组织层次，形成组织层次可以为大家共同分享的做法、经验、教训和知识，即"涌泉效应"如何？你可以想出哪些具体的措施和行动来加强"涌泉效应"？

提示：产生"涌泉效应"的方法包括：建立自下而上的员工建议制度、报道优秀员工的事迹、将个人或部门好的做法、经验、教训和知识上升到组织层面的做法、经验、教训和知识等。

第 3 章

执维度之箭，达知柔知刚

3.1　空间维度的领导原则

　　领导的对象是组织系统。基于时空理论，组织系统可以看成是一个多维度的结构（如图 3-1（a）所示）[①]。将组织的维度划分为两大维度，分别为相对无形的软实力维度（方法维度）和相对有形的硬实力维度（资源维度）。而且，软实力维度和硬实力维度一共包括 N 个子维度。

　　在软实力维度上，组织具有目标和方法系统、利益和权力系统、信仰和价值观系统，以及其他可能存在的子维度系统。第一是目标和方法系统。每个组织都有其战略目标和实现战略目标的方法——这是最基本的，可用来指明组织前行的方向和路径。以企业为例，目标和方法系统是指企业的战略目标定位、发展路径、成长速度以及与之匹配的组织结构、流程和制度体系。企业要建立使命、愿景和目标，根据自身追求进行恰当的路径选择，找到适合自身发展的经营管理之道。第二是利益和权力系统。当企业发展起来后，如何分配利益和权力成为一个很重要的问题。如果一个组织有良好的、清晰的利益分配和激

① 陈国权. 领导和管理的时空理论——维度分析模型 [J]. 技术经济，2018，37（9）：1-9.

励体系，那么员工的积极性和创造性就能得到充分发挥。此外，良好的利益分配系统会使员工感到公平和公正，使组织充满正气。反之，利益和权力分配不当导致的不良冲突会阻碍企业的发展，甚至危及企业的生存。领导者在考虑利益和权力分配系统时，需要平衡各利益相关者的利益诉求，合理分配权力，减少组织内部及组织和外部的不良冲突。第三是信仰和价值观系统。组织在制定和实施战略目标和路径、分配利益和权力时，以及在日常运作的过程中，都不可避免地会受到所持有的信仰和价值观的影响。信仰和价值观系统是指组织成员在共同工作、相互影响的过程中形成的共有的信仰、价值观、思维方式、行为习惯、习俗礼仪和符号系统等。其中，价值观是对事物的偏好。人们常说"君子爱财，取之有道"，虽然公司要盈利，但是获取的应是正当的利益。譬如，投资银行进行投资项目选择时可将资金投向不同项目的产品。对于环保的、有益于人类健康的产品，即使投资回报率稍低，投资银行也应考虑投资；对于可能对社会发展或环境保护产生负面作用的产品，即使其利润率较高，投资银行也应坚持不投。不能只以利润率作为投资决策的标准，因为企业需要坚守一些重要的道德准则和价值观。长远来看，正确的价值观能够帮助企业实现可持续成长。从以上分析中可以看出，软实力维度的三个主要细分维度之间有一定的逻辑关系：目标和方法维度考虑的是企业如何发展；利益和权力维度考虑的是企业发展后如何分配相关的利益和权力；信仰和价值观维度考虑的是发展和分配利益和权力的过程中应持有怎样的信仰和价值观。

在硬实力维度上，组织具有人力系统、财力系统、物力系统以及其他可能存在的子维度系统。组织硬实力的第一个方面是人力。组织内部人才在一定程度上影响其发展，无论是管理人才、技术人才，还是基层业务能力强的"能工巧匠"，都是组织的硬实力。组织硬实力的第二个方面是财力，即经济实力，企业具有或能够筹备资金。组织硬实力的第三个方面是物力。物力既包括掌握的科学技术（如银行和航空公司等拥有的先进信息技术系统、制造企业拥有的高精尖生产加工设备），也包括具有的优越地理资源等，这些方面都是非常重要的硬实力。很多时候企业的领导者需要花费精力强化硬实力，如招募人才、筹备资金，以及获取更多高端技术、设备或其他有形的物力资源。

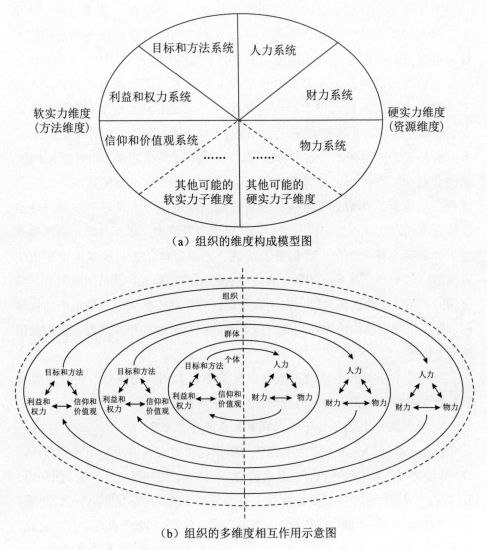

（a）组织的维度构成模型图

（b）组织的多维度相互作用示意图

图 3-1 时空领导力：空间视角的维度方面（S2 空间）示意图

总体而言，对维度的划分，首先是将组织整体划分为软实力维度和硬实力维度，然后对软实力维度和硬实力维度再进一步细分。软实力包括目标和方法系统、利益和权力系统、信仰和价值观系统等；硬实力包括人力系统、财力系统和物力系统等。以上对维度的划分并不能穷尽所有可能，因此还可以进一步补充，譬如，员工对组织的情感是一种重要的软实力，大数据是一种重要的硬实力。所以在图 3-1（a）的下侧用了虚线，表明组织的维度是可以不断扩充的，并用 N 表示所有的子维度数量。

需要阐述的是，上面是在组织层次上列举了不同的维度，其实，在每一个层次（无论是宏观、中观还是微观）上都有不同的维度。譬如，在微观的个体层次上，领导者需要关注个体的个性、能力和价值观等维度。比如，人力资源管理通常强调考察个体的德、能、勤、绩四个维度，即品德、才能、勤奋和业绩。在中观的群体层次上，领导者需要关注群体的构成、规模、规则、氛围和工作成效等维度。在宏观的组织层次上，领导者需要关注组织的目标和方法、利益和权力、信仰和价值观等维度。以乒乓球运动为例：对于一名乒乓球运动员，我们要关注他 / 她的身体状态、技术水平和历史成绩等；对于一支乒乓球团队，我们要关注团队的构成、队员间的配合、队员间的关系、团队的成绩等；对于乒乓球协会，我们要关注协会组织的目标和宗旨、组织的结构流程和制度、成员间的利益分配和相互关系、组织的精神和文化等。

维度是一个具有普适性的概念。在领导行为相关的领域，古今中外有很多的观点可以给我们实际的领导工作带来启发。下面举例说明。

（1）《孙子兵法》关于决定战争胜负的分析维度

《孙子兵法》认为决定战争胜负的要素有"道天地将法"五个维度①，即"故经之以五事，校之以计，而索其情：一曰道，二曰天，三曰地，四曰将，五曰法。"所谓"道"就是要询问战争是不是正义的，是不是师出有名，"天"就是气候和季节，"地"就是地形，"将"就是将领，"法"就是制度。因此，军事战争的取胜与否取决于不同维度，而不同维度之间又是相互作用的。

（2）诸葛亮关于治理蜀国国民的多维度策略

诸葛亮在治理蜀国期间成就显著，后人为了纪念他建了武侯祠，并书

---

① 陈曦，译注 . 孙子兵法：中华经典名著全本全注全译丛书 [M]. 北京：中华书局，2011.

写了一副对联，叫"攻心联"。上联是"能攻心则反侧自消，从古知兵非好战"，下联是"不审势即宽严皆误，后来治蜀要深思。"带兵打仗如果能够攻心，对方就会心悦诚服，主动放弃谋逆造反；如果不审时度势，盲目使用过宽或过严的政策都会造成严重的后果。"攻心联"反映了一个人在解决事情时要兼顾不同的维度，既要攻心，也要知兵、打仗，政策既要宽也要严。

（3）陈继儒关于领导者影响人的四种策略

陈继儒在《小窗幽记》①中提出的"轻财足以聚人，律己足以服人，量宽足以得人，身先足以率人"，被世人广泛流传，特别是得到曾国藩的引用。这几句话反映了领导者具有普适性的、带队伍的法宝——"轻财""律己""量宽""身先"，然后产生良好的结果——"聚人""服人""得人""率人"。其含义是：不吝啬钱财可以集聚众人，对自己严格约束可以使众人信服，宽宏大量容易获得人心，凡事身先士卒才能领导别人。

（4）《素书》中关于领导者的四种能力

黄石公著的《素书》②中有一段话的原文是："贤人君子，明于盛衰之道，通乎成败之数；审乎治乱之势，达乎去就之理。故潜居抱道以待其时。若时至而行，则能极人臣之位；得机而动，则能成绝代之功。"译文是："贤明的人和有德行的君子，都明白世间万物兴盛、衰败的道理，通晓事业成功、失败的规律，知道社会太平、纷乱的局势，懂得把握进退的尺度。当时机不对时，能够及时隐退，坚守正道，等待时机来临。一旦时机成熟，便乘势而行，于是常常能够位极人臣建立盖世之功。"

刘邦能够在和项羽的争霸中取得胜利、夺取天下、建立大汉王朝，特别得益于谋臣张良的辅佐。传说张良就是因为读了《素书》，掌握了其思想精髓，所以能给予刘邦极大的支持，并且在功成之后全身而退。

《素书》提出的贤人君子的这四个维度的能力——"明盛衰之道""通成败之数""审治乱之势""达去就之理"，在当今依然对领导者修炼自身的领导力有重要的启示作用。

---

① 陈继儒.小窗幽记：中华经典藏书 [M].成敏，译注.北京：中华书局，2016.
② 黄石公.素书 [M].李青，译.北京：北京联合出版公司，2015.

（5）春秋战国时期关于国家治理的不同维度的思想

春秋战国时期，百家争鸣。儒家、道家、法家、墨家、兵家等不同的思想从不同的角度讨论社会的管理问题。儒家思想更多的是从人的自身修养以及人和人的关系方面讨论社会的管理问题；道家思想则更倾向于人和自然和谐的角度探讨人的行为如何能够顺应自然规律；法家思想更多的是强调如何通过严格的制度管理人的行为；兵家思想是从矛盾和冲突处理的角度考虑社会问题；墨家思想主要是从科技的角度考虑国家的治理。

（6）西方哲学关于研究内容的不同维度的思想

西方哲学也是从不同维度考虑世界问题的。西方哲学包含自然哲学、政治哲学、历史哲学、伦理哲学、科学哲学等。自然哲学主要探讨自然的来源、物质的来源，也就是物质从何而来、由什么构成、物质的发展变化规律等。政治哲学主要探讨国家政权的建立应该依据的准则。历史哲学主要探讨历史发展的特征。一部分学者认为历史的发展是有规律的，比如马克思认为人类社会是从原始社会到奴隶社会到封建社会再到资本主义社会、社会主义社会，最后到共产主义社会，这是历史决定论的观点。当然也有学者，比如著名哲学家波普尔，认为历史的发展存在一些不确定性。伦理学主要探讨人和人的关系。科学哲学主要探讨科学技术发展的规律。一部分哲学家认为科学的发展是一个不断"证实"的过程，通过现象证明我们的假设和观点，也有一部分哲学家认为科学的发展是一个不断"证伪"的过程，通过发现新的现象来否定以往的知识，进而发展出新的知识。

（7）领导者关于识人的不同维度

组织在用人的时候，领导者需要对一个人进行全面的、不同维度的分析，通常来说有几种不同的分析方法。

● 二维模型

如果从两种维度对人进行分析，主要有八个二维模型。

中国人讲德才兼备，就是既要考虑一个人的品德，也要考虑这个人的才能。

我们有时候说一个人"文武双全"，就是这个人文才和武艺都十分出众。

我们有时候还会说"智勇双全"，就是这个人既有智慧，又很勇敢。

我们经常使用的"英雄"这个词，在我国古代的人才著作《人物志·英雄》中的解释是："聪明秀出谓之英；胆力过人谓之雄。"① 因此，"英"代表人的聪明程度，"雄"代表人的胆力程度。智力超群而没有胆力的只能作为谋臣，胆力过人而智力还不错的可以作为大将，真正的元帅则是智勇双全，既有英又有雄。

老一辈革命家在培养人才时强调"又红又专"，"红"指的是思想，"专"指的是人的能力。

孔子在《论语》里提到"质胜文则野，文胜质则史。文质彬彬，然后君子。"② "质"指的是先天的本性，"文"指的是后天的教育。"质胜文则野"就是如果一个人先天本性的东西超过了后天的教育，就会显得比较野蛮，"文胜质则史"就是如果一个人后天的教育过多，超过了先天的本性，就会显得比较呆板。只有先天的本性和后天的教育达到平衡，才能成为君子。

毛泽东曾提出"文明其精神，野蛮其体魄"，"文明其精神"就是要多读书，了解历史、文化、科学，接受后天良好的教育，"野蛮其体魄"就是要参加各种各样的体能训练，比如登山、游泳等，让身体保持良好的状态。习近平在陕西省安康市平利县老县镇考察调研时谈及青少年健康，就引用了这句话。

● 三维模型

毛泽东还提出了德智体全面发展的观点，认为优秀的人才必须有良好的品德、良好的智力和良好的体魄。一个人良好的品德代表他能把握正确的方向，良好的智力代表他能够深谋远虑，做出正确的选择和判断，良好的体能是支撑他行动的最基础的素质。

---

① 刘劭 . 人物志：中华经典名著全本全注全译丛书 [M]. 梁满仓，译注 . 北京：中华书局，2014.

② 陈晓芬，徐儒宗，译注 . 论语·大学·中庸：中华经典名著全本全注全译丛书 [M]. 2 版 . 北京：中华书局，2015.

● 四维模型

许多企业的人力资源考核强调"德能勤绩"的四维模型,"德"就是要考核人的道德如何,"能"就是要考核人的能力如何,"勤"就是要考核人的勤奋程度如何,是否是勤政而非懒政和不作为,"绩"就是要考核人的成果。"德"和"能"强调因,"勤"强调过程和行为,"绩"强调结果。

● 五维模型

五维模型主要有三个。

第一个五维模型是在"德能勤绩"的基础上加一个"廉"字,即"德能勤绩廉",所谓"廉"就是廉政。

第二个是中国古代儒家提出的"仁义礼智信"。所谓"仁",就是仁慈,领导者要施仁政,要爱民,要关心人民;所谓"义",就是正义,领导者不能对好人和坏人都仁慈,"义"也有情义的意思;所谓"礼",就是礼貌,遵守社会习俗和必要的礼仪,比如尊老爱贤,尊重长者,爱护有能力的贤者;所谓"智",就是智慧;所谓"信",就是诚信,说到做到,赏罚分明。

第三个是兵家思想的五个维度。《孙子兵法》中提到战争获胜的一个重要原因是将领,认为将领需要具备"智信仁勇严"五个方面的重要素质。兵家认为一个将领首先要有智慧,两军作战时,要以智取胜。第二,要讲究"信",赏罚分明,说到做到。第三个是"仁",即仁慈,一个将领必须爱护士兵,爱护老百姓的利益。第四个是"勇",即勇敢,正所谓狭路相逢勇者胜。第五个是"严",即严格,军队要打胜仗,就需要严明军纪,匹配严格的制度,例如毛泽东曾经制定的"三大纪律八项注意",就是非常严格的制度。

● 多维度模型

在行为科学中,还可以有更多维度来描述一个人,例如人的个性、能力、三观,以及他具有的经验、背景等。在个性中也可以分出不同的子维度,比如 MBTI 就是从四个维度讨论人的个性,第一个维度关注精力来源是内向还是外向,第二个维度关注搜集信息的方式是感觉还是直觉,第三个维度关注决策制定是基于理性还是基于情感,第四个维度关注对外部世界的应对是基于主观判断还是客观知觉。另外，三观包括世界观、人生观、价值观，经验也可以分为经历和磨砺，经历是体验普通的事情，磨砺是遇到和解决艰难的问题。背景包括成长背景、求学背景、工作背景、家庭背景，以及社会的人际网络背景等多方面的背景。

由于组织系统是一个多维度的结构，领导在工作过程中需要遵循下面的原则。

领导者需要认识到企业具有软实力和硬实力两个方面，既要抓软实力，又要抓硬实力。如果领导者只关注硬实力——如充足的资金、先进的设备等，而忽略了软实力，那么即使企业可以通过收购、兼并"做大"，也很难"做强"。如果领导者只关注软实力——如正确的发展方向和路径、合理的利益分配机制以及良好的价值观等，而忽略了企业发展必须具有的实实在在的人力、财力和物力等硬实力，那么企业就无法提供良好的产品和服务，无法创造价值和实现发展。企业既要有物质文明，又要有精神文明。领导者既要能够通过有效决策增加其经济效益，又要能够激发员工士气、树立奋斗精神。因此，领导者在工作中需要遵循下面的原则。

维度兼顾的领导原则：基于不同维度的工作都是重要的，领导者既要重视软实力维度，又要重视硬实力维度，要做到两者兼顾。

领导者应根据企业所处阶段的情况，从认知和行动两个方面抓住主要矛盾，合理分配有限的时间、精力和注意力。领导者要认识到不同维度的存在，根据不同情况找到侧重点，在软实力建设和硬实力建设两个方面自如切换，做出正确选择、采取相应行动。因此，领导者在工作中需要遵循下面的原则。

维度切换的领导原则：领导者要根据组织的实际情况在软实力建设与硬实力建设之间自如切换，即在有些情况下需要侧重于软实力建设，在有些情况下需要侧重于硬实力建设。

从动态角度看，企业内部各维度是相互依存、相互影响的，即软实力会影响硬实力，硬实力也会影响软实力，软实力和硬实力之间的相互影响关系如图3-1（b）所示。

　　企业的目标和方法、利益和权力、信仰和价值观等系统是相互影响的，人力、财力和物力等资源也是相互作用的。更进一步，软实力维度和硬实力维度之间也是相互依存、相互作用的。正确的目标和方法、平衡的利益和权力以及先进的信仰和价值观需要实实在在的人力、财力和物力等资源存在并发挥作用，而且反过来会增加和优化资源，实现资源总量的增长和质量的改善。以企业发展为例，初创企业可能很快发展起来，获得一定收益。企业在盈利后需要继续成长壮大时，其组织管理方法体系可能无法支持市场和业务的快速发展。华为技术有限公司（以下简称"华为"）也曾面临这种情况，它采取的方式是运用资金（硬实力）换取软实力。例如：购买国外新产品开发管理系统，从而大大加速了新产品开发速度；在人力资源管理方面，采纳其他公司提供的咨询建议；在质量管理、生产管理方面，投入经费引进其他国家的先进经验。华为的高层管理者曾提出"前人已经做了错事，走了那么多弯路，认识到今天的真理，我们却不去利用，我们却要去重新实践，自然就浪费了我们宝贵的青春年华"①的观点。因此，华为选择凭借硬实力——用所赚取的利润购买先进的技术和管理体系来增强软实力，再用软实力增强硬实力，促使企业更好发展、获取更多盈利。

　　然而，领导者还应清醒地认识到软实力和硬实力的相互影响可能是正向的，也可能是负向的。一个拥有丰富资源的企业，未来有两种可能：一种是企业凭借充足的实体资源以及领导者强大的危机意识和强烈的企业家精神发展得越来越好；另一种是过多的资源弱化了企业的战斗力，使企业步入粗放式经营的不良路径，短期内可能获得巨额利润，但长期下去会"坐吃山空"，难以实现长期的可持续发展。领导者需要促使软实力和硬实力相互正向影响，即应建立一种有效的机制，既能让组织的硬实力促进软实力，又能让软实力促进硬实力，促进组织的软实力和硬实力相互转换，建立左右相生②、良性互动的流程体系。即如图3-1（b）所示的左侧"软实力"与右侧"硬实力"的相互促进。

---

① 资料来源：《创业创新必须以提升企业核心竞争力为中心（第一版）》（《任正非文集》第84期。
② 此处的"相生"源于中国传统文化"五行"中的"相生相克"思想。

因此，领导者在工作中需要遵循下面的原则。

维度转换的领导原则：领导者要根据实际情况，在有些情况下将软实力转换为硬实力，在有些情况下将硬实力转换为软实力，建立左右相生、良性互动的流程和体系。

3.2 空间维度的领导方法

根据上一节提出的领导原则，可以得出三种具体的领导方法：维度兼顾的领导方法、维度切换的领导方法、维度转换的领导方法。

3.2.1 维度兼顾的领导方法

维度兼顾的领导方法：领导者在制定组织政策和管理实践方面均需要强调对软实力和硬实力的重视，并采取具体的行动和举措。

（1）改革开放以来国家领导人在软实力和硬实力建设上的实例

下面阐述软实力建设方面的实例。

改革开放以来，中国政府领导人在领导中华民族走向复兴的过程中，对软实力和硬实力都是十分重视的。

软实力维度包括目标和方法子维度、利益和权力子维度、信仰和价值观子维度，硬实力维度包括人力子维度、财力子维度和物力子维度。

软实力维度的第一个子维度是目标和方法。一个组织的奋斗目标，以及要达到这个目标需要建立的具体方法和途径，反映了这个组织非常重要的软实力。中国提出四个自信，包括道路自信、理论自信、制度自信、文化自信。其中，道路自信对应的就是目标和方法子维度。

根据目标设置理论，有目标比没有目标好，挑战性的目标比一般性的目标好。目标能够推动人的行为，比如中国有中华民族伟大复兴的"中国梦"，这个目标对全国人民起到了重要的激励作用。但光有目标不行，我们还必须有自己的发展道路。中国的经济改革和苏联的经济改革不同，苏联采用的是"休克疗法"，而中国走了一条循序渐进的改革道路。邓小平曾经提出"摸着石头过河"，因为市场经济对中国人来说是新兴事物，所以改革开放首先在深圳试验，成功之后又在东南沿海十几个城市试验，最后总结经验，向全国推广，这条道路符合大多数人的心理特点。所以，不仅目标重要，达到目标的路径也很重要。

软实力维度的第二个子维度是利益和权力。利益和权力讨论的是组织或者国家的利益和权力应该如何分配。改革开放初期，邓小平曾经提出让一部分人先富起来，先富带动后富，最后实现共同富裕的利益分配方式，打破大锅饭，激发人的积极性和创造性。后来，针对地区发展不平衡的问题，国家领导人相继提出了西部大开发、振兴东北老工业基地、中部崛起、全面建成小康社会、脱贫攻坚和乡村振兴等政策，这也反映了中国利益分配机制的变化，要让所有人都能够体会到改革开放的成果，获得改革开放的红利。目前，国家强调财富的三次分配，就是为了更好地建立共同富裕的美好社会。除了国内的利益分配之外，中国还提出"一带一路"合作倡议，加强沿线各国的交流合作，让更多国家共享中国发展的红利，推动建设人类命运共同体。这一系列政策方针都是为了解决利益的分配问题。

第三，信仰和价值观也是非常重要的软实力，例如中国的社会主义核心价值观既强调物质文明，也强调精神文明。因此，建立新时代国民的信仰和价值观，对一个国家的软实力发展是非常关键的。信仰是人的一种信念，特别是在遇到危险和困难的时候，人的信仰是非常重要的软实力。价值观是人对于某些行为的偏好，比如崇尚什么样的价值体系，是个人主义还是集体主义。中国优秀的传统文化为企业的信仰和价值观的建立提供了丰富的基础：一些中国企业，比如厨电领域的方太集团，以儒家思想作为信仰和价值观；一些企业以道家思想作为价值观；一些企业以佛家思想为文化基调；海尔把《周易》的思想作为组织文化中很重要的一部分。

下面阐述硬实力建设方面的实例。

除了软实力，对一个国家特别重要的还有硬实力。

　　硬实力的第一个子维度是人力，包括一个国家的人口总数、青壮年人的数量，以及各种人才的数量。比如中国要造两弹一星，就必须有掌握两弹一星技术的人才，所以中国政府抓住时机启动中美谈判，几经曲折，终于用美国战俘交换回钱学森。钱学森回国实际上就是在人才硬实力方面增强了国家的力量。新中国成立后为了适当地控制人口增长，曾实行计划生育政策。但是针对如今出现的人口老龄化趋势，中国及时调整人口政策，从"双独二孩"到"单独二孩"再到"全面二孩"，2021年5月31日国家进一步确定实施三孩生育政策，有利于改善人口数量和人口结构。同时中国还大力发展教育，包括全面普及九年义务教育和实现高等教育大众化，提高人口素质，并大量引进海外人才，促进人力发展。

　　硬实力的第二个子维度是财力。新冠肺炎疫情中能够存活下来的企业一般都具有比较好的资金实力。所以组织的资金实力，尤其是现金流，对组织的生存发展来说是非常重要的硬实力。对于国家而言，国家采用各种政策，既要促进经济增长，也要充实国库，财富必须在政府和人民之间进行恰当的分配，这样国家才有可能集中力量办大事，进行基础设施的建设，例如航空、铁路、公路的建设，以及各种重大的工程项目，例如三峡工程的建设等。

　　硬实力的第三个子维度是物力。物力包括土地、建筑、设备、科技和生产技术等。新冠肺炎疫情中能够顺利渡过难关的企业都是在数字化技术方面有储备的，或者是能够很快适应数字化技术的企业，让企业员工在家里也可以照常办公。一个组织拥有的大数据、高级算法等也是企业的硬实力。如今，中国在汽车制造、铁路建设、桥梁建设等方面的科技非常领先，在高铁以及商用飞机的建设上也取得了巨大的发展，在航天、太空探索、生物科技、机器人和人工智能等方面，都有了较大的进展。但是中国依然存在着一些"卡脖子工程""卡脖子技术"，例如芯片技术等，所以现在已经有一些大学、研究机构和企业建立了专门的芯片研究机构。

　　（2）在中国革命和建设初期国家领导人在软实力和硬实力建设上的实例

　　以上阐述了在走向民族伟大复兴的过程中，我们需要特别强调软实力和硬实力。在中国革命时期和刚解放的建设时期，我们党有很多建设软实力和硬实力的案例，仍然值得我们借鉴。

下面阐述软实力建设方面的实例。

在软实力方面，下面主要用毛泽东的诗词来进行阐述。

毛泽东在中国革命和建设的不同时期撰写了很多鼓舞人心的诗词，表达了坚定地为中华民族谋解放、谋发展和谋幸福的信仰和价值观，以及对中华民族前途命运的关心、信心和决心。作为中国革命和建设的领路人，他的这些诗词对中国革命和建设的队伍具有极大的鼓舞作用，尤其是在中国革命和建设处于低潮的时候，更是极大地振奋了整个队伍的士气，提高了整个队伍的软实力。同时，这种软实力也促进了硬实力的发展。

下面就按照时间顺序，选取毛泽东的几首诗词进行赏析①。

《沁园春·长沙》

独立寒秋，湘江北去，橘子洲头。看万山红遍，层林尽染；漫江碧透，百舸争流。鹰击长空，鱼翔浅底，万类霜天竞自由。怅寥廓，问苍茫大地，谁主沉浮？

携来百侣曾游。忆往昔峥嵘岁月稠。恰同学少年，风华正茂；书生意气，挥斥方遒。指点江山，激扬文字，粪土当年万户侯。曾记否，到中流击水，浪遏飞舟？

这是毛泽东在 1925 年写的一首词。通过对出生和学习过的家乡长沙在秋天宏大壮丽而充满生机的自然景色的描写，年轻时代的毛泽东抒发了在中国处于反帝反封建的大革命时代背景下心系天下、意气风发、斗志昂扬的人文和社会情怀。其中，"问苍茫大地，谁主沉浮？"更是提出了一个极其重要的问题。尽管毛泽东没有直接回答这个问题，但是后面"指点江山，激扬文字，粪土当年万户侯"这句话，则表达了自己的志向和勇气以及对当

---

① 毛泽东. 毛泽东诗词全编鉴赏 [M]. 吴正裕，主编. 李捷，陈晋，副主编. 增订本. 北京：人民文学出版社，2017.

时权贵的藐视和否定的态度，较为间接地阐述了自己的理想和目标。毛泽东在年轻时候的志向和勇气、不畏权贵和不畏强暴的反抗精神，贯穿其一生，始终保持不变，这些都成了他推动中国革命和建设队伍的巨大的精神力量。这种精神贯穿了他整个领导生涯，无论是对国内强权的反抗，还是对国外势力的反击，在领导队伍争取民族独立和解放的斗争中，这种精神都起到了重要的作用，也成了中国人民基因的一部分。在当今建设中国特色社会主义的新时代，无论是在青少年的教育、培养和成长的过程中，还是在企业的创业、发展和壮大的过程中，我们都需要继承和发扬这种精神。

《七律·长征》

红军不怕远征难，万水千山只等闲，五岭逶迤腾细浪，乌蒙磅礴走泥丸，金沙水拍云崖暖，大渡桥横铁索寒。更喜岷山千里雪，三军过后尽开颜。

这是毛泽东在 1935 年写的一首诗。众所周知，长征是中国革命史上的图腾，也是人类文明史上的奇迹。1934 年，中国革命受挫，毛泽东领导的中央主力红军从中央革命根据地出发进行战略大转移。为了避开敌人的优势，毛泽东带领红军选择了一条虽然充满艰险、但是能使敌人的优势难以发挥出来的道路进行战略转移，从中国南部出发一路向北，途径十多个省，徒步行军二万五千里，最后在 1935 年 10 月成功到达陕北革命根据地，完成了红军队伍的大会师。在整个长征途中，毛泽东从南到北徒步我国的山河，尽管在路途中有艰难的雪山草地、激流险滩，以及数量庞大的敌人、先进的武器，但是毛泽东在应对的时候却总是"等闲视之"，在成功之后心中更是"喜笑颜开"，始终充满着革命的乐观主义精神、保持了必胜的信心。这些都极大地鼓励了红军，使红军度过了艰难的时期，为革命种子的保存和今后队伍的发展壮大都起到了十分重要的作用。

在当今工作和生活条件越来越好的社会中，如何提高青少年面对逆境的勇气和抗挫折的能力、如何提升企业领导者和员工的心理资本和战胜困难的能力等，这些都是需要解决的重要问题。毛泽东的这首诗对解决当今这些重要问题依然具有重要的借鉴和启示作用。

《沁园春·雪》

北国风光，千里冰封，万里雪飘。望长城内外，惟馀莽莽；大河上下，顿失滔滔。山舞银蛇，原驰蜡象，欲与天公试比高。须晴日，看红装素裹，分外妖娆。

江山如此多娇，引无数英雄竞折腰。惜秦皇汉武，略输文采；唐宗宋祖，稍逊风骚。一代天骄，成吉思汗，只识弯弓射大雕。俱往矣，数风流人物，还看今朝。

这是毛泽东在1936年带领红军从陕北准备东渡黄河进入山西西部时写的一首词。那个时候，尽管红军经过长征完成了战略大转移，但是依然面临敌人的攻击，革命形势十分严峻。在这种时代背景下，毛泽东生动形象地描述了我国北方壮美的雪景。从空间上，这些雪景激发了毛泽东抒发对我国美丽山河的热爱和赞赏，表达了对这片土地的深情和责任。从时间上，这些雪景尤其激起了毛泽东对中国历史长河的总结和思考，特别是对这片江山上历代领导者的分析和评价。在毛泽东的历史大视野中，虽然历代领导者都曾在这片江山上有过重要的作为，但还是各有欠缺的，同时他认为，这些领导人物都已成为历史。那么当今又有谁能够将这片美丽的江山管理得更好呢？在这首词中，毛泽东并没有像在《沁园春·长沙》中那样直接地提出"谁主沉浮"的问题，而是创造性地用"江山如此多娇，引无数英雄竞折腰"间接地引出了类似"谁主沉浮"的问题。毛泽东尽管没有直接回答这个问题，但是他用了一个"惜"字巧妙地进行了转折，藐视和跨越了当时的权贵，而对这片江山上的历代领导者进行了分析和评价。如果说，在南方的《沁园春·长沙》中毛泽东是"指点江山"，那么在北方的《沁园春·雪》中毛泽东则是"评点历史"，最后得出了"俱往矣，数风流人物，还看今朝"的回答，表达了他带领的中国共产党人保卫、守护和建设好中国这片美丽的江山的伟大的志向和坚定的信心。

当今我们正处在国家建设的重要历史时期，如何提高领导者热爱江山、保卫江山、爱护江山、敬畏江山、建设江山的情怀，如何提高领导者学习经典、传承智慧、敢于改革、善于创新、持续发展的能力等，这些都是十分重要的管理课题。同时，如何提高青少年努力学习和创新的能力、成为充满激情和活力的"后浪"，也是十分重要的教育课题。毛泽东的这首词为我们研究和完成这些课题，从而使中华民族能够持续地保护好绿水青山、建设好美丽中国、推动中华民族的伟大复兴，提供了十分宝贵的营养，具有特别重要的现实意义。

《水调歌头·游泳》

才饮长沙水，又食武昌鱼。万里长江横渡，极目楚天舒。不管风吹浪打，胜似闲庭信步，今日得宽馀。子在川上曰：逝者如斯夫！

风樯动，龟蛇静，起宏图。一桥飞架南北，天堑变通途。更立西江石壁，截断巫山云雨，高峡出平湖。神女应无恙，当惊世界殊。

这是毛泽东在 1956 年在南方考察社会主义建设情况时写的一首词。1949 年新中国成立时，国家满目疮痍、百废待兴。在毛泽东的领导下，中国开展了各方面的社会主义建设。毛泽东去南方视察，看到建成后的武汉长江大桥十分宏伟。当毛泽东看到"一桥飞架南北"、使得"天堑变通途"，自然十分感慨和欣喜。毛泽东出生于湖南，早年在长沙学习和开展革命工作，后来又曾在武汉主持农民运动讲习所的工作，所以对这两个地方都很有感情。毛泽东早年在这些地方生活、学习和工作时，对这些地方的饮食和江河十分喜爱，比如他喜欢吃辣椒，特别热爱游泳，喜欢在大风大浪中锻炼自己的意志和身体。毛泽东在这首词中先从饮食和游泳入手——"才饮长沙水，又食武昌鱼。万里长江横渡，极目楚天舒"显得十分自然和亲切。然后又通过"不管风吹浪打，胜似闲庭信步，今日得宽馀"这句话借景抒情，回忆了过往革命年代不畏艰险的精神和气概。如果说《七律·长征》是这种不畏艰险的精神的真实写照，那么《水调歌头·游泳》则是对这种精神的回忆，表达了新中国成立前革命年代的这种精神在新中国成立后建设年代的延续。毛泽东还通过"子在川上曰：逝者如斯夫"这句话抒发了时间流逝之快、斗转星移、物是人非的感慨。在词的最后，毛泽东用"更立西江石壁，截断巫山云雨，高峡出平湖。神女应无恙，当惊世界殊"描绘了国家今后发展建设的宏伟蓝图，体现了建设美好山河的豪迈气概。

当然，毛泽东在这首词中描绘的蓝图在今天已经变成了现实，那就是举世闻名的三峡大坝工程。这一事实也证明了毛泽东诗词中蕴含的软实力对中国人民跨越时空的影响力。在当今时代，重温这首词，会使我们继续发扬艰苦奋斗的精神、树立建设更加美好国家的雄心壮志，并迈着坚实的步伐不断前行。

《水调歌头·重上井冈山》

久有凌云志，重上井冈山。千里来寻故地，旧貌变新颜。到处莺歌燕舞，更有潺潺流水，高路入云端。过了黄洋界，险处不须看。

风雷动，旌旗奋，是人寰。三十八年过去，弹指一挥间。可上九天揽月，可下五洋捉鳖，谈笑凯歌还。世上无难事，只要肯登攀。

这是毛泽东在 1965 年去井冈山考察时写的一首词。当时中国依然处在建设时期。我们都知道，1927 年，毛泽东曾经在井冈山带领革命队伍进行了著名的秋收起义，后来故地重游，一定感慨万千。虽然毛泽东那时已年近七十，但是依然老骥伏枥、志在千里。从时间上，"久有凌云志，重上井冈山"表达了晚年的毛泽东依然不服老，早就具备了接受一切来自国内外挑战的决心和勇气。也就是说，毛泽东依然具有在新的时期创造新的辉煌的志向，如果有需要，他将重新展现出年轻时在井冈山的奋斗精神，应对所有可能的危险和困难。从空间上，"千里来寻故地，旧貌变新颜"表达了毛泽东千里迢迢来到故地，希望在井冈山上重温和找回年轻时的万丈豪情和奋斗精神，并亲眼见证曾经的井冈山精神给国家带来的欣欣向荣的变化。"到处莺歌燕舞，更有潺潺流水，高路入云端"既表达了毛泽东对井冈山精神带来的变化的歌颂，还重新将井冈山精神形象地比喻为毫不畏惧地、敢于攀登高山之路、崎岖之路和险峻之路的精神，并阐述了只有敢于攀登艰险之路才能到达高处、看见云端美丽风景的深刻哲理。"过了黄洋界，险处不须看"表明了毛泽东的精神底气，那就是，自己在1927年那么年轻的时候就已经经历了"黄洋界"这样的险境和考验，现在的困难算不了什么，表达了对任何挑战藐视的态度。那时候，在国内如何继续保持社会主义发展方向不动摇、在国际上如何处理中苏关系和中印关系恶化等问题，都是毛泽东需要面对的现实课题。"风雷动，旌旗奋，是人寰"是毛泽东回忆过去在中国大地上轰轰烈烈的革命景象，或是想象当时热火朝天的社会主义建设情景。"三十八年过去，弹指一挥间"是毛泽东对从1927年到1965年这38年间时光飞逝抒发的感慨，体现了和他在《水调歌头·游泳》中"子在川上曰：逝者如斯夫"所表达出的同样的心情。然而，"可上九天揽月，可下五洋捉鳖，谈笑凯歌还"则是来了一个大转折。毛泽东并没有止于感叹时间的快速流逝，而是展现了对将来事业的豪情满怀，那就是，中国向上可以爆炸原子弹、发射卫星、探索月球，向下可以开发海洋科技、发展海洋事业、建立强大的海军，而且这些探索一定会取得成功。这些精辟的描写是对以往《水调歌头·游泳》中用"一桥飞架南北，天堑变通途。更立西江石壁，截断巫山云雨，高峡出平湖。神女应无恙，当惊世界殊"所描写的中国在陆地上的变化的重要补充和突破。也就是说，《水调歌头·游泳》和《水调歌头·重上井冈山》这两首词合并起来，全面反映了毛泽东对中国的陆地上、天空中、大海里全面多层次发展蓝图的描绘。最后一句"世上无难事，只要肯登攀"则是全词的点睛升华之笔，表达了毛泽东的人生信条，那就是奋斗的精神会将一切困难化解、将一切不可能变成可能，体现了贯穿其一生的艰苦奋斗精神和"有志者，事竟成"这一伟大的精神信仰。

当今，我们国家不仅在陆地上的高铁和桥梁等基础设施上取得了很大的成绩，而且在航天航空事业、海洋事业上也做出了巨大的成就。这些都反映了毛泽东这种艰苦奋斗和敢于攀登高峰的精神对后世的重要影响。相比于《水调歌头·游泳》中主要表现的是对大地的改变，《水调歌头·重上井冈山》

更加强调了对天空和海洋的改变，这两首《水调歌头》相得益彰，表达了革命出身的毛泽东即使在年龄较大的时候依然保持着自强不息的奋斗精神。

总之，《水调歌头·重上井冈山》体现出毛泽东的老骥伏枥、志在千里的持续艰苦奋斗的精神，值得所有干部尤其是年龄稍大的干部学习。所有干部不能到了一定的年龄、或者取得了一些成绩，就忘记初心、不思进取、贪图享乐，以至于形成"五十九岁现象"、出现贪污腐败的行为。当前，我们的社会发展得越来越好，生活也越来越好，但是依然需要永葆奋斗精神，这样才能实现中华民族伟大复兴的中国梦，中国也才能保证长治久安。

下面阐述硬实力建设方面的实例。

在硬实力建设方面，特别突出的例子就是国家刚解放时，在一穷二白的艰难环境下发展两弹一星，打破西方核威慑和核垄断的事迹。

20 世纪 50 年代中期，面对国际上的武力威胁和核讹诈，为了新中国的长治久安，中央领导集体做出了独立自主发展核事业和人造卫星的战略决策。在新中国成立初期，经济、科学和技术基础还十分薄弱的情况下，在艰苦的工作生活环境中，一大批有志青年怀抱着革命乐观主义精神，隐姓埋名，投入"两弹一星"的研发中。在原子弹研发过程中，研究人员在寒风凛冽的戈壁滩上忍饥挨饿、用算盘和手摇计算机通宵达旦地进行研究，用九次计算断定苏联专家留下的数据材料有误，扫清了原子弹研制过程中的一个理论障碍。1964 年 10 月 16 日，第一颗原子弹爆炸成功。1967 年 6 月 17 日，第一颗氢弹空爆实验成功。中国只用了两年零八个月就实现了从原子弹到氢弹的技术跨越，速度远快于当时其他有核国家。1970 年 4 月 24 日，第一颗人造卫星发射成功，中国成为世界上第五个独立发射人造卫星的国家。"两弹一星"的成功向世界证明了中国的能力，展露了中国的大国形象，为中国的高速发展创造了和平稳定安全的环境。

3.2.2　维度切换的领导方法

维度切换的领导方法：领导者应该根据组织的内部情况和所处的外部环

境，对软实力建设和硬实力建设的重要性加以区分和排序，在有些情况下侧重于软实力建设并付诸行动，在有些情况下侧重于硬实力建设并付诸行动，而这需要领导者不断改变思维和行动的惯性，在必要情况下进行软实力建设与硬实力建设的切换。

作为一家公司的领导者，在促进全体员工发展的过程中，在公司起步的初期阶段应该注意发展软实力，在后期需要注意发展硬实力。华为公司在这方面做出了榜样。

下面阐述软实力建设方面的实例。

华为在成立初期，在人员、技术、资金等方面实力较弱，领导者在此时的重点是发展软实力，为今后建立硬实力创造条件。

在软实力方面，华为领导者特别强调建立良好的目标和方法系统、利益和权力系统，以及信仰和价值观系统。

在目标和方法系统方面，华为领导者强调组织要有自己的奋斗目标来激励所有员工。华为基本法确定了"成为世界一流的设备供应商"的奋斗目标，为民族工业的发展而奋斗。在具体实现目标方面，华为在早期不断地以西方企业为标杆，比如加拿大的北方电信公司、芬兰的诺基亚公司、美国的摩托罗拉公司等，善于站在巨人的肩膀上前进，借鉴先进企业优秀的管理经验，学习他们先进的制度和方法，不断提高自己的经营绩效和国际化水平，大大提高了发展的速度。华为已经成为全球领先的通信设备供应商，在通信设备领域取得了巨大的成功后，不断提高组织目标，并开始发展和信息与通信技术相关的产品，比如智能手机、无人驾驶汽车等。华为创始人任正非曾在 2016 年全国科技创新大会上说："华为正在本行业逐步攻入无人区，处在无人领航、无既定的规则、无人跟随的困境。"这意味着华为已经走到了世界发展的前列，所以华为的领导者通过建立具有挑战性的目标，激励所有的管理者和员工。

在具体的发展方法系统方面，华为领导者也采取了实际可行的措施。比如在早期发展的过程中，华为采用了"农村包围城市"的方式，先进入外国企业没有触及的市场获得客户，逐步巩固后再和国外企业直接竞争。任正非还提出了"灰度理论",认为世界不是截然地分为白色和黑色,大多数情况下应该是白色和黑色的混合,也就是灰色。灰色代表了华为不走极端、兼顾不同方面、实事求是的发展思路。

在利益和权力系统方面,任正非也有独特的思路。在利益分配方面,任正非主张"以奋斗者为本""不让雷锋吃亏",提出"知本主义",在给管理者和员工确定薪酬待遇的时候,看重真才实学和能力,强调奋斗精神,考核最终取得的业绩。任正非作为组织创始人和最高领导者,持股不到百分之一,数万名员工共享其余的股份,这种利益分配方式也极大地鼓舞了管理者和员工。

在权力分配方面,华为参照欧盟的轮值主席的制度建立了轮值CEO制度,高层管理团队成员轮流担任企业CEO,这样使高层管理人才都能够得到锻炼的机会,让组织发展更具可持续性,也使组织能够有相应的智慧和方法应对不同的情况。任正非还强调"让听得见炮声的人呼唤炮火",给基层员工一定的指挥权和项目决策权,因为他们最了解生产运作,也最了解市场和客户。

在处理和外部关系时,华为领导者也非常注意控制风险。华为有正确的政治定位,总是把组织的发展和国家的发展紧密联系在一起,想国家之所想,努力帮助国家解决"卡脖子"问题,同时强调清正廉洁的风气,和政府保持"亲清"的政商关系,也就是既支持国家发展,和政府沟通交流,又遵纪守法,走正道办企业。另外,华为坚持不上市,不谋求外部战略投资者的资本输入,而是用自己的资本发展,这使华为能够保持决策的独立性,坚定自己的战略发展方向,不受外部资本和市场的影响。

在信仰和价值观方面,华为领导者经常用图片和比喻来具象化信仰和价值观,比如华为的狼性文化强调拼搏和团结协作的精神。任正非曾经用二战时期一架千疮百孔的战机来比喻不畏艰险、敢于拼搏的精神,用一双磨坏了的芭蕾舞鞋和芭蕾舞演员的脚来比喻任何成功的背后都需要艰苦的奋斗,代表华为崇尚艰苦奋斗精神。华为赞美表演千手观音的聋哑舞者尽管身体残缺,听不见音乐和掌声,却能够通过艰苦训练为观众呈现美好的艺术,华为的管理者和员工也应该在荣誉面前保持清醒，不能被成功冲昏头脑。

任正非在华为发展势头良好的时候写下《华为的冬天》这篇文章，反映了华为高层领导者的忧患意识，警醒华为要时刻保持危机感。因此，华为很早就开始研发操作系统和芯片，以备企业在需要的时候能够有所准备，做到未雨绸缪。任正非在面对华为遭受美国不公平的打压，包括女儿被监禁时，始终保持乐观主义，这也极大地调动了员工的激情和斗志。

下面阐述硬实力建设方面的实例。

华为软实力建立起来之后，就抓大力气建立硬实力，打造较高的行业壁垒和竞争实力。在硬实力方面，华为领导者特别强调建立强大的人力系统、财力系统和物力系统。

华为领导者重视人才，大量招聘、储备具有良好素质的年轻人才，同时也聘请海内外杰出人才。华为认为企业的持续发展离不开坚实的基础研究，所以华为有很多数学家、物理学家、化学家，还曾邀请土耳其发明 5G 极化码（Polar Codes）的 Erdal Arikan 教授走红毯，任正非亲手为他颁发奖牌，致敬其对 5G 通信技术做出的卓越贡献。华为用高薪吸引有杰出才能的科学家，也会果断辞退眼高手低的、没有实际经验的员工，从而让组织始终保持一流的战斗力。

在财力方面，华为一直保持着良好的现金流，所以能够大量投入科学技术的研发，华为的专利数量在全世界一直处于领先水平。华为领导者也非常重视物力的发展，比如强调对前沿科技的跟踪研究，华为的 5G 技术在世界上处于领先地位，在新能源汽车方面也处于世界前列水平。

截至 2020 年底，华为共有超过 10 万件专利，其中 90% 以上是发明专利。华为是 5G 技术标准的重要制定者，掌握 5G 核心技术。近年来，华为先后发布了自主研发的麒麟芯片、鲲鹏处理器、鸿蒙操作系统等。华为还同学术界在数学、物理、化学等基础研究领域，以及无线领域、网络协议体系领域、视频编解码领域、高速光电材料领域等方面展开深入合作，推动科学创新。

上面阐述了当代公司的例子。实际上，在中国古代的历史故事中，很多都反映了在不同的情况下，选择软实力或选择硬实力来达到目标的策略。

通过建立软实力达到目标的例子包括田忌赛马和七步诗。

孙膑靠软实力帮助田忌取得比赛胜利：田忌赛马的故事

《战国策》中记载了田忌赛马的故事[1]。田忌赛马就是靠软实力取胜的一个例子。田忌和齐威王赛马，齐威王的三匹马都比田忌同等级的马实力更强，因此田忌总是输给齐威王。孙膑给田忌出了个主意，第一局用田忌的下等马对齐威王的上等马，第二局用田忌的上等马对齐威王的中等马，第三局用田忌的中等马对齐威王的下等马，三局两胜，田忌取得了赛马的胜利。虽然田忌马匹的硬实力总体上不如齐威王，但是孙膑通过巧妙地改变对抗的顺序，转败为胜。

曹植靠软实力保全性命："七步诗"的故事

领导者也需要考虑如何用一些独特的维度打动别人。曹丕登上皇位以后，想找机会给曹植治罪。曹丕让曹植七步内作成一首诗，以兄弟为主题，但不能出现兄弟二字。于是曹植写下著名的《七步诗》："煮豆燃豆萁，豆在釜中泣。本是同根生，相煎何太急？"意思是豆子和豆秸本来都是同一条根上生长出来的，但是燃烧豆秸来煮熟豆子，豆子在锅里哭泣。这首诗打动了曹丕，他感念兄弟之情，放了曹植。所以曹植靠软实力保全了性命。

通过建立硬实力达到目标包括秦国通过建立强大的实力统一中国的例子。

商鞅变法后，秦国确立了土地私有制，并重农抑商、奖励耕织和垦荒，从而使国家经济得到了快速的发展。在军事上，秦国严明军纪、奖励军功，

---

[1] 缪文远，罗永莲，缪伟，译注.战国策：中华经典藏书 [M].北京：中华书局，2006.

大幅度提高了军队的战斗力。秦国设定的二十级军功爵位制使得军队士气高涨，不断征伐，扩张秦国的势力范围。此外，秦国还重视人才的使用，广纳贤才，如商鞅、张仪、范雎、吕不韦、李斯等。这些使秦国成为战国后期最富强的国家，强盛的国力为秦统一天下建立了坚实的基础。秦国用了十年时间统一了其他六个诸侯国，建立了中国历史上第一个君主中央集权的国家。

3.2.3　维度转换的领导方法

维度转换的领导方法：领导者应有意识地运用组织中已有的软实力或硬实力，使它们相互转换，产生"溢出效应"，即让已有的软实力既发挥作用，又促进硬实力的提升，或让已有的硬实力既发挥作用，又促进软实力的提升，并采取措施使软实力和硬实力相互转换，形成良性促进和循环，从而提高组织绩效。

《战国策》[①]记载了孟尝君和其谋士冯谖的故事，反映了孟尝君靠硬实力转化成软实力保留退路的领导策略。战国时期，有一个人叫孟尝君，他有一些门客，其中一位名叫冯谖。冯谖说自己没有什么特长，平时什么事都不干，但三番五次提出吃鱼肉、出门坐车、供养母亲等要求，孟尝君周围的人都厌恶他，觉得他贪婪不知满足。有一次，孟尝君需要一位熟悉会计业务的人帮他去封地收取老百姓的欠债，冯谖自荐。出发前，孟尝君让他收齐债款后，看家里缺什么，就买些回来。冯谖去到封地，假托孟尝君的命令，当场烧了借契，老百姓都非常高兴，很感激孟尝君。冯谖回来后，孟尝君问他用债款买回了什么东西，他说他买回了"义"。冯谖认为孟尝君家里不缺钱，缺的是仁义，缺的是对老百姓的恩情，所以他通过烧毁借契，赢得了老百姓对孟尝君的感谢。后来孟尝君被赶出朝廷，走投无路只能回到他的封地。离封地还有一百多里路，就看到老百姓都在路上迎接他，他这才见识到冯谖给他买"义"的道理。后来孟尝君又在冯谖的帮助下重新获得齐王的重用。

① 　缪文远，罗永连，缪伟，译注 . 战国策：中华经典藏书 [M]. 北京：中华书局，2006.

1. 中国古代智者关于纵横捭阖的思想

苏秦和张仪是战国时期的两位著名谋士。面对苏秦主张"合纵"之策，即"合众弱以攻一强"①，游说各国联合对抗秦国，从而抵御秦国的进攻。张仪主张"连横"之策，即"事一强以攻众弱"②，带领秦国分别联合各国进攻其他国家，从而扩张国土。并且，张仪通过"连横"之策破坏其他国家之间的"合纵"，从而达到各个击破的目的。在一开始，秦国的实力较弱。但在张仪"连横"之策的成功作用下，其他国家的实力不断被削弱，秦国的实力不断强大，最终统一了中国。

2. 国际政治学者关于国家层次的软实力和硬实力的观点

美国著名的国际政治问题专家基辛格曾经提出战略威慑必须具备三个条件。第一，要有实力，所谓有实力就是有先进的科技、军事武器等，强调硬实力。第二，要有使用实力的决心，强调软实力。第三，要让对手知道以上两条信息。可见，基辛格认为国与国之间的战略威慑必须同时具备硬实力和软实力两个方面，才能达到战略威慑的效果。这个观点对领导者处理国与国之间的关系，以及处理企业与企业之间的竞争关系都是很重要的。

美国哈佛大学肯尼迪政治学院的约瑟夫·奈教授，在《软实力：世界政治中的成功之道》一书中批评美国政府，尤其是当代的一些总统，在处理国际事务时长期以来过度依赖硬实力，比如靠强悍的军事实力赢得了伊拉克战争，但这种做法实际上削弱了美国在全球的吸引力和地位，一定程度上导致了后来的"9·11恐怖袭击"。约瑟夫·奈认为不能将软实力排除在国家政策之外，在处理国际事务的时候要使用软实力赢得和平，得到世界的认同。这一点与中国古代《孙子兵法》中的"故上兵伐谋，其次伐交，其次伐兵，其下攻城"和《三国志》中的"攻心为上，攻城为下"有异曲同工之处。

如果只强调某一方面的实力，不强调另一方面的实力，就会导致不利的

---

① 高华平，王齐洲，张三夕，译注. 韩非子[M]. 北京：中华书局，2010.
② 同上。

结果。如西方有人曾经提出"奶头乐理论"，认为瓦解一个国家国民的战斗力，就是不断地让国民把时间消耗在娱乐和充满感官刺激的事物上。长此以往就会消磨国民的意志，降低国民的思考能力，弱化国民的软实力。

实 践 练 习

读完本章以后，建议你根据自己目前在组织中所从事的工作，思考下面的提问，在回答的过程中可以参考相关的提示。

一、维度兼顾

1. 如果让你开展提升软实力方面的工作，你会采取哪些具体的方案和行动，来提高在目前职位上的工作成效？

提示：软实力方面的工作包括制定正确的目标和方法、利益和权力的分配方式、文化和价值观的内涵和具体表现形式等。

2. 如果让你开展提升硬实力方面的工作，你会采取哪些具体的方案和行动，来提高在目前职位上的工作成效？

提示：硬实力方面的工作包括获取人力、财力、物力等资源。

3. 请思考在工作中如果同时兼顾软实力和硬实力方面的工作，你会如何进行选择和优化？

提示：你的时间和资源是有限的，在兼顾软实力和硬实力方面，要根据事情的轻重缓急选择软实力和硬实力方面最合适的事情的组合。

二、维度切换

请思考你在目前的岗位上的工作状况，你目前的工作是更偏软实力还是更偏硬实力？你认为你目前的工作重点是否需要改变？要么是从当前偏软实力转向今后偏硬实力的工作，要么是从当前偏硬实力转向今后偏软实力的工作。

提示：你需要根据组织发展的需要和职位的现状不断对软实力和硬实力方面的工作进行动态调整和切换。切换的依据是要对软实力和硬实力方面的事情进行优先级的识别和排序。譬如，如果组织或部门中的员工的精神面貌很好，士气很旺，各种制度和文化都很合理，但是缺乏人才、资金、物资等资源，那么你的工作就需要切换到硬实力方面。如果组织或部门中人力、财力和物力等资源充足，但是人的精神面貌不好，缺乏斗志，不愿奋斗，士气低落，相关的制度和文化不健全，那么你的工作就需要切换到软实力方面。

三、维度转换

1. 你的组织中的软实力（目标和方法系统、利益和权力系统、信仰和价值观系统等）是否可以有效地促进硬实力（人力系统、财力系统、物力系统等）的发展？你可以采取哪些具体的措施和行动来使软实力转换成硬实力？

提示：软实力转换成硬实力的方法包括：通过创新的战略和发展路径，商业计划书，吸引人的利益分配制度，以人为本、尊重贡献、强调奋斗的文化等来吸引优秀人才的加盟，获取投资者的资金，得到合作伙伴的技术和土地等物资。

2. 你的组织中的硬实力（人力系统、财力系统、物力系统等）是否可以有效地促进软实力（目标和方法系统、利益和权力系统、信仰和价值观系统等）的发展？你可以采取哪些具体的措施和行动来使硬实力转换成软实力？

提示：硬实力转换成软实力的方法包括：综合利用高水平的人才队伍，用充足的资金购买咨询公司的服务，并用先进的技术和物资系统，从而建立和改进组织的目标和方法系统、利益和权力系统、信仰和价值观系统。

第 4 章

执动态之箭，达知常知变

4.1　时间动态的领导原则

基于时空理论，组织系统是随着时间变化的动态系统[①]。随着时间的推移，组织的内部情况和外部环境会发生动态变化。在这些变化中，一种是可预测的和确定性的变化，遵循已发现的规律；另一种是不可预测的和不确定性的变化，不遵循现有的规律。

首先，从内部情况看，组织会在不同层次和不同维度上发生变化：在层次方面体现为个体、群体和组织等层次上的变化；在维度方面体现为软实力、硬实力等维度上的变化。如果分别以层次方面的变化和维度方面的变化为矩阵的两条边，能够通过排列组合得出组织内部各种类型的变化。譬如，组织中某个体的个性、能力、价值观和态度等方面的变化，团队中的人、财和物等方面的变化，组织的战略定位和发展路径、利益和权力的分配方式、信仰和价值观的内容等方面的变化。组织的发展和生物体的生长有些类似。以人的生长过程为例：在细胞分裂时，大部分细胞在分裂过程中遵循遗传规律，正常分裂使得

① 陈国权 . 领导和管理的时空理论——动态分析模型 [J]. 技术经济，2018，37（10）：1-10.

细胞数量增加，人得以发育成长；但是，某些细胞也可能在某些特殊情况下发生突变。如果不及时减少或清除人体内出现的变异细胞，那么当这些变异细胞的数量和浓度达到一定程度时就会聚集在一起，形成不良组织，导致人体产生疾病。人的生长发育过程中同时存在两种变化——遗传和变异带来的变化，其中，基因正常遗传带来的变化在多数情况下是可预测的、确定的、有规律的，而变异带来的变化在多数情况下则是不可预测的、不确定的、无规律可循的。

其次，从外部环境来看，组织面临的政治、经济、社会和科技等环境随着时间的推进不断发生变化。同样，有些变化是可预测的、确定性的、遵循已发现的规律的。例如，政治、经济和社会等方面的变化常常表现出周期性的特点，如国家间合作和竞争关系的循环变化、经济的周期性发展、社会文化和价值观的向前发展和向后回归等。然而，有些变化则是不可预测的、不确定性的、不遵循已发现的规律的，超出了人们现有认知能力的范围。譬如，随着时代的变迁，人类有时会遇到前所未有的变化。在人类历史上，多次重大的科技革命极大地改变了人们的工作和生活方式；人类赖以生存的环境（包括资源、气候、地质状况和生物物种等）的变化给人们带来了巨大的冲击，不断刷新人们对自然环境的认知。美国作家塔勒布（Nassim Nicholas Taleb）在他所著的《黑天鹅》一书中提到的"黑天鹅"现象，实际上就是一种不确定性的体现，而这种不确定性会对个体、群体、组织乃至整个社会产生重大影响。

领导者在面临内部情况和外部环境中不同类型的变化时，应该采用不同的应对策略。

领导者在面临可预测的和确定性的变化时，需要通过学习来应对，包括通过内部式学习（从自身的经验中学习）和外部式学习（从自身之外的经验中学习），利用已有的知识和经验，解决遇到的问题，使组织顺应规律而成长壮大。领导者进行内部式学习时需要总结内部经验，进行深层次的思考，并将思考的结果付诸行动。具体而言，内部式学习可以包括回顾初始目标、评估现有结果、分析初始目标和现有结果相同或不同的原因、总结经验和教训、提炼规律和知识以及采取具体行动和举措等步骤。领导者进行外部式学习时需要找到外部参照对象，做到"见贤思齐，见不贤而内自省"①，即既要学习外部好的做法和经验，也要了解外部出现的问题并吸取教训、引以为戒。综合外部的经验和教训，结合自身的具体情况，开展调整和变革等方面的具体工作。

领导者在面临不可预测的和不确定性的变化时，需要通过创新来应对。创新包括通过发挥想象力、开展试验性的活动来应对挑战和机会，使组织获得新生并变得更加强大。在发挥想象力方面，领导者需要运用发散思维、类比思维、逆向思维和辩证思维等方式，开展头脑风暴、"世界咖啡屋"和情景规划等活动，和具有不同背景、经历、专业、知识和经验等的人进行交流并从中得到启发，以便得到应对全新变化的想法、主意和思路。在开展试验性的活动方面，领导者需要在某个局部点上将创新的想法付诸实践、观察效果，再进一步扩大范围，在更多局部点上进行试验。这种创新的做法类似于"摸着石头过河"。有了更多的试验样本和结果，就可以从中总结一些大致的规律并不断修订、优化和完善，然后据此在更大范围内实施创新的想法并观察结果，注意随时总结和调整，直到创新取得一定成效。

上面重点阐述了领导者自身在面临可预测的和确定性的变化时的学习方法，以及在面临不可预测的和不确定性的变化时的创新方法。事实上，在一个组织中，除了领导者以外，其他员工也是学习和创新的主体。领导者除了自己在学习和创新上身体力行之外，还需要充分发挥员工在学习和创新上的积极性和主动性，这样才能使整个团队或组织的学习和创新能力大大增强。领导者可以通过制定有效的招聘、培训、考核、薪酬和激励政策，以及调整组织的结构、流程和制度等，提高组织中人们的学习能力和创新能力，鼓励他们开展学习和创新活动，从而提高整个组织的学习和创新活动的成效。

综上所述，领导者在对组织进行动态分析时需要考虑学习和创新两种

① 陈晓芬，徐儒宗，译注.论语·大学·中庸：中华经典名著全本全注全译丛书 [M]. 2 版 . 北京：中华书局，2015.

基本活动。进一步进行类型划分，学习包括内部式学习和外部式学习，创新包括想象式创新和试验式创新。动态分析中的学习和创新两种基本活动及其各自包含的具体类型如图 4-1 所示。需要说明的是，研究者可以采用不同的方式对学习和创新各自包含的类型进行细分。笔者从认知和行为的角度对学习和创新各自包含的类型进行细分，旨在强调认知和行为的分析视角对深入研究学习和创新的重要意义。

图 4-1　动态分析中学习和创新两种基本活动及其具体类型

由于组织系统是一个随时间动态变化的系统，领导者需要同时关注学习和创新。一方面，如果领导者只注重学习而忽略了创新，那么虽然企业已有的管理系统和技术等在现有条件下可能是足够的，但是一成不变的思想会成为思维突破的桎梏，阻碍创新，使得企业难以在复杂变化的环境中做出相应调整。另一方面，如果领导者将精力和资源过多地放在创新上，那么过多而频繁的创新变化很容易让组织总是处在动荡中，缺乏基本的稳定性，这不利于组织在经营管理上取得成效。因此，领导者应该将学习（类似传承）和创新（类似变革）相结合，如此组织才能在稳健的基础上取得突破。

基于上面的阐述，领导者在工作过程中就需要遵循下面的原则。

动态兼顾的领导原则：领导者既要重视学习，又要重视创新，要做到两者兼顾。

然而，在组织发展的过程中，不同的情况下组织面临的主要变化是不同的。有些情况下，组织面临的主要是可预测的变化，所以领导者的重点在于学习；在有些情况下，组织面临的变化主要是不可预测的变化，所以领导者的重点在于创新。另外，领导者在一定条件下的时间、精力、注意力以及组织所拥有的资源是有限的，即使学习和创新都需要的时候，组织的领导者也需要根据实际情况在学习和创新两个方面抓住重点或痛点，合理分配资源，在学习和创新之间调整侧重点。领导者需要根据组织所处的不同发展阶段和不同环境对具体情况分析判断，认识到需要关注的重点问题，在学习和创新之间进行切换。

例如，对于进入传统行业（如银行业、航空服务业等）的公司而言，在初始阶段，领导者应将重点放在迅速地学习和掌握该行业中产品和服务的类型和特征，以及相应的行业规则、管理方法和流程制度，大量借鉴被证明成熟且行之有效的做法，使公司尽快运作起来，并实现盈利。而当公司发展到一定阶段，拥有了一定的经验和财力时，领导者应该积极采取措施，促进组织在产品、服务以及经营管理方式等方面进行创新，开辟"蓝海"，形成有特色、难以被外界模仿的竞争优势。我们从近些年国内一些新成立的银行和航空公司的发展过程中可以看到，领导者在不同阶段对学习和创新的重视程度是不一样的。一般情况下，这些组织的领导者在公司的开始阶段重视学习，在公司发展到一定阶段后则重视创新。

当然有时我们也会看到和上面不同的情况。当一个公司进入全新的领域或行业时，领导者可能在最初阶段就会大胆创新，开发全新的产品、服务和平台，采用全新的经营管理方式。譬如，阿里巴巴网络技术有限公司的领导者从一开始就要创造一个基于互联网的商业平台，腾讯计算机系统有限公司的领导者开创了基于互联网的社交平台。当这些公司发展到一定阶段时，它们已具备一定的规模（如人员和财富等），公司的领导者就开始总结过去的经验，从自身以往的经验中学习，同时从外部相关或不相关的行业组织的经验中学习，甚至派领导者去教育机构进行学习和参加培训，或邀请外部顾问，听取他们对公司发展方面提出的问题和建议。

基于上面的阐述，领导者在工作过程中需要遵循下面的原则。

动态切换的领导原则：领导者要根据实际情况，在有些情况下侧重学习，在有些情况下侧重创新，且要善于在学习和创新之间自如切换。

学习和创新在一定条件下是可以互相促进的，学习会促进创新，创新也会促进学习。一方面，人们具有创新的动机，会促进学习行为的产生，因为只有在通过学习充分了解过去和现在的情况、弄清尚未解决的问题后，才能进行创新和突破。另一方面，人们已经学习到的知识和经验可使之更好地了解过去和现在的工作进展和成果，可以据此划出边界——前人已做的工作都在边界之内，未做的工作都在边界之外。因此，学习会帮助人们找到边界，知道未来创新的方向和目标；同时，通过学习掌握的知识和技能有助于将创新的目标变成现实。因此，学习和创新是可以相互促进和转换的。

我们可以从杜邦公司（以下简称"杜邦"）的例子中看出学习能够促进创新。杜邦在早期生产黑火药时发生了许多事故，从中吸取经验教训，建立了安全数据统计制度，安全管理也从定性管理逐渐发展到定量管理。如今，凭借百年积累的安全管理经验和实践，杜邦作为一个火药生产商，在开展传统业务的同时还成功地开发出了安全管理咨询业务，目前已为全球超过300万企业员工提供了安全管理培训。

我们还可以从华为的例子中看出创新可以促进学习。华为是全球通信设备领域的著名企业，在技术和管理上不断进行创新、保持领先，是华为坚持不懈的目标和追求。然而，华为并不是盲目地进行创新。为了能够实现创新目标，华为的领导者特别强调开展全方位的学习，包括从内部和外部已有的知识和经验中学习。为此，笔者总结提出，华为强调要避免两种"浪费"。第一要避免"浪费"宝贵的时间，重复做外部世界已做过的事情。对此，华为强调应努力向外部先进的组织学习其产品和生产技术以及经营管理的思想、方法、流程和制度。为此，华为不惜花巨资请外部组织提供咨询服务。第二要避免"浪费"宝贵的经验，重复内部曾做过的探索和尝试。对此，华为强调应充分记录以往所做的各种事情，总结经验和教训并形成案例库、数据库和知识库，好的做法要学习，不好的做法要引以为戒、努力避免。华为对创新的追求促进其努力地从内外部的经验中学习，而这种学习也使得华为能对历史和现状有更全面的认识，更清楚地发现新的领域，站在更高的起点上进行创新。

领导者需要建立一种有效的机制，促使学习和创新相互正向推动，既能让组织的学习促进创新，又能让创新促进学习。

基于上面的阐述，领导者在工作过程中需要遵循下面的原则。

动态转换的领导原则：领导者要根据实际情况，在有些情况下侧重于将学习转换为创新，在有些情况下侧重于将创新转换为学习，建立前后相随①**、良性互动的流程和体系。**

4.2 时间动态的领导方法

根据上一节提出的领导原则，可以得出三种具体的领导方法：动态兼顾的领导方法、动态切换的领导方法、动态转换的领导方法。

4.2.1 动态兼顾的领导方法

动态兼顾的领导方法：领导者应该兼顾学习和创新，并采取实际行动。

下面通过一些具体的例子来阐述。

我国政府领导者在领导全国人民抗击新冠肺炎疫情的过程中很好地兼顾了学习和创新，做到了动态兼顾。在抗击新冠肺炎疫情的过程中，领导者学习和继承了前人和领导者自己过去好的经验，并用到处理领导者能够把控的、规律性的变化上，但同时又通过创新，提出了新的措施来应对不确定性的、不可预测的变化。2020 年的新型冠状病毒和 2003 年的 SARS 病毒有一些相同点，都是主要通过呼吸道传播的，但不同点在于，SARS 病毒导致重症率更高，而新冠病毒的传染性更高。所以，根据新冠病毒和 SARS 病毒的异同点，领导者抗击新冠肺炎疫情时，一方面要学习抗击 SARS 病毒的经验，采用隔离、戴口罩等举措；另一方面要有所创新，比如启用方舱医院、接种疫苗等。

---

① 来自《道德经》："故有无相生，难易相成，长短相较，高下相倾，音声相和，前后相随。"

一些企业领导者在企业经营管理中也兼顾了学习和创新，譬如华为的创始人任正非。华为很重视学习，任正非提出要避免两种浪费，即避免浪费青春年华和避免浪费经验。除了强调学习，任正非也十分重视创新，在发展过程中提出了很多新的管理方法和手段。华为是中国第一个建立基本法的企业，华为基本法是以类似法律的形式，确定了组织的发展目标以及相关的制度，是组织发展的纲领性文件。此外，在组织发展路径方面，任正非独创性地提出"灰度理论"；在人才激励方面，任正非提出"以知识为本""以奋斗者为本"；在解决问题方面，任正非提出"力出一孔，利出一孔"，认为打仗的时候如果军队要向一个城墙口发起冲锋，那么军队所有的火力都要集中进攻这个城墙口，做企业就像作战，也要集中精力、集中力量，聚焦重大的核心问题的解决；在管理制度方面，任正非建立了轮值 CEO 制度。

我国某航天企业曾提出的"双想制度"也是创新的例子，即在任何一次发射任务之前，要做到事前预想，在发射完成之后，要进行事后回想，二者简称为"双想"。事前预想，就是在发射之前要大胆地、全面地想象有可能遇到的问题，提前准备相应的预案。事后回想，就是在发射完成之后，无论成功还是失败，都要总结经验和教训。

学习的原因是变化的可预测性和周期性，创新的原因是变化的不可预测性和不确定性。

下面再进一步阐述领导者进行学习和创新的具体方法。

（1）领导者学习的方法

领导者的学习有两种方法：一种是从外部学习，另一种是从内部学习。

从外部学习是指从自身之外的知识和经验中学习，具体包括以下两种方法。

一是交流法，就是我们通常所说的通过交流来学习。领导者需要通过和那些知识和经验比自身丰富的人进行交流来学习。

一个领导者，不管把企业做得多么好，一定会有自己的盲区。因此笔者认为，领导者必须找到三种人，第一是导师，第二是教练，第三是智囊，从他们的身上学习，通过广泛深入的交流来获得这些人的帮助。

二是解读法，就是我们所说的读书。因为领导者的时间和精力有限，不可能整天通过和别人的交流来获取知识和经验，所以有些时候要通过读书来学习。

关于读书，笔者建议读中外的经典书籍。经典书籍的学习，既包括对理论的学习，也包括对历史案例的学习，这些学习不仅可以提高领导者的文化底蕴，也可以使领导者能够在各种复杂变化的环境下保持冷静。

从内部学习是指从自身的经验中学习，具体来说，主要包括以下两点。

一是体验法，通过"做"来学习。这就好比一支军队要提高作战能力，就必须进行大量的训练、演习和必要的实战。企业的领导者也一样，必须通过"历练"和"磨炼"来学习。"历练"指的是，领导者需要尽量在企业不同的层次、不同的部门、不同的地区等开展工作，以提高处理不同层次、部门和地区等情境中各种事情的能力。"磨炼"指的是，领导者需要面对重大的挑战、问题和考验，以激发自身的创造力和解决问题的能力。总的来说，"历练"和"磨炼"都很重要，而且"历练"是"磨炼"的基础。

二是反思法，从过去的经验中总结规律，并应用于新的实践中。

第一，需要采用归纳的方法得出一般性的规律，这是"知"的过程。这个时候需要注意选择全面和正确的经验样本作为分析的材料，同时还要采用合适的分析方法，从而得出正确的结论。

第二，需要采用演绎的方法将一般性的规律应用于实践，这是"行"的过程。这个时候需要注意将这个规律和具体的应用场景相结合，进行适当的调整，从而达到更好的应用效果。

（2）领导者创新的方法

领导者创新的方法包括试验式创新和想象式创新，也可以称为"做皮试"式创新和"种疫苗"式创新。试验式创新类似于医学上的"做皮试"，想象式创新类似于医学上的"种疫苗"。

所谓试验式创新，就是当对一个新的问题进行第一次尝试的时候，由于不能采用过去的方法，又不能贸然行动，我们最好先从局部出发，采用"摸着石头过河"的方式来解决问题。这就好比医生在给炎症患者注射青霉素之前，要先在他身体的局部做皮试，如果皮试通过了，才可以给他注射青霉素，否则会造成难以想象的后果。

中国的改革开放也是采用了"摸着石头过河"的试验式创新的方式，即先在深圳试验，接着在东南沿海城市试验，总结经验后才在全国推广。国家统一也是这样，首先在香港试验"一国两制"，后来才在澳门推行。所以中国的经济改革和政治改革都采用了试验式创新，达到了推进社会稳定发展的效果。

所谓想象式创新，就是当面临一个全新的问题的时候，由于时间、资源等限制无法进行试验，我们只能大胆地想象未来可能遇到的各种情境，准备相应的预案，一旦今后出现预想内的情况，就可以成功地运用提前准备好的预案来解决问题。这就好比医生给健康的人接种疫苗，使人体对今后可能遇到的细菌或病毒产生抗体，建立起对未来不确定的风险的预防能力。考试之前，学生也可能"押题"或"猜题"，大胆地想象考试可能会有哪些题目，并提前做好准备。只要想象力足够丰富，调研的空间范围足够大，"押题"或"猜题"命中的可能性就会提高。就像天气预报和城市交通预测，如果可以看到大范围的卫星云图，就可以准确预测未来三天的天气，如果了解了整个北京的交通状况，就可以知道五道口在两小时后会不会堵车，这就是以空间换时间来应对不确定性。

当前，全球经济因各方贸易摩擦、新冠肺炎疫情而饱受冲击。面对不确定性为主导的经济环境，领导者应该如何应对危机、应该具备哪些关键能力、从而和新常态共处，这是摆在领导者面前的一个十分重要的课题。

在这种情况下，领导者首先要在意识层面上建立两种思维。

第一，完全从心理上接受不确定性的存在。我们确实生活在一个不确定性的时代，这个世界上最大的确定性就是不确定性。所以我们所有人，包括企业的领导者，一定要转变观念，把不确定性作为常态。

第二，我们在相信不确定性的同时，一定要相信这个世界上还有很多东西是确定的。世界是由相互对立的元素构成的，有不确定性，就一定会有确定性。这要看我们从哪个层次、维度以及时间段来分析。

在具体的应对方法上，领导者可以用三个成语体现的智慧来应对，分别是"未雨绸缪""知微见著"和"力挽狂澜"。这三个成语概括了领导者应对危机和同新常态共处的三种手段。

第一个成语是"未雨绸缪"。《道德经》里有一句话叫"为之于未有，治之于未乱"。我们做一件事情时要在别人都没做的时候去做，治理要在情况还没有乱的时候就采取行动。笔者认为这对中国的企业领导者来讲非常重要。领导者一定要有前瞻意识，在思想上做好面对重大危机考验的准备，提前预备好过冬的棉衣，企业的现金流一定要保持充足，企业一定要在系统设计的时候保持一定的冗余性，以防不测。

第二个成语是"知微见著"。假设我们不能做到未雨绸缪，那么退一步讲，我们要尽量做到知微见著。《道德经》里讲"图难于其易，为大于其细。天下难事必作于易，天下大事必作于细"。这句话的意思是，我们做事要在最早有苗头的时候就开始做，及早发现，并且提高它的优先级，做出及时的决策。这个苗头可能是好的苗头，也可能是不好的苗头。好的苗头，我们要把它扶植发展；不好的苗头，我们要及时使它停止。

第三个成语是"力挽狂澜"。当事情已经发生时，力挽狂澜是我们的最后一道防线。它需要领导者具有在紧急情况下进行理性思考的能力，能够很好地整合其智力和经验等认知资源，并迅速地对可选的方案进行分析排序，从而果断地从相持不下的方案中做出选择。

这里有一个比喻，人在什么时候最难做决定呢？就是某一个方案的"利"和"弊"这两个方面相持不下的时候。比如这个方案有51%是"利"，有49%是"弊"，人在这个时候权衡"利"和"弊"是比较难的。但是，一个领导者在关键时刻，其必须能够将"51：49"，迅速地变成"100：0"，从而果断做出决定、以抓住解决问题的时机。

除了有决策能力，领导者还必须具有使决策变成现实的资源。如果领导者没有相应的资源，那么其决策就无法变成现实。这个资源跟领导者平常的积累有密切的关系。领导者在平常要多积累人力、财力和物力等方面的资源，而且要让这些资源具有一定的冗余性，这样才能够应对不确定性和危机带来的挑战。

4.2.2 动态切换的领导方法

动态切换的领导方法：领导者应该根据组织的内部情况和所处的外部环境，在必要时对学习和创新的重要性进行区分和排序，在有些情况下强调学习并付诸行动，而在有些情况下强调创新并付诸行动；这需要领导者不断改变思维和行动的惯性，在必要时进行学习和创新之间的切换。

领导者在企业经营管理中需要进行学习和创新的切换。领导者在组织发展的不同阶段，或者不同情况下，有时候把重点放在学习上，有时候把重点放在创新上。

有的组织一开始以创新为主。比如独角兽企业，一开始是以创新为导向的，创造一种全新的商业生态系统，提供一种全新的产品和服务。在飞机出现之前，创造出第一架飞机，就是一种创新思维；在互联网出现之前，提出互联网思想就是一种创新思维；在社交平台出现之前，能够创造出人和人相互交流的社交平台，就是一种创新思维。有了创新思维之后，组织不断地发展。在发展过程中，尽管产品和服务是全新的，但是组织在人员管理等方面，实际上跟现有的行业、组织有很多共通之处。也就是说，组织在产品和服务上是创新的，但是组织发展壮大以后，随着人员的增加，对人的管理等方面还是应该学习和借鉴成熟行业和组织的优秀管理方法的。

有的组织一开始以学习为主。比如，中国市场上已经有一些航空企业，例如国航、南航、东航，后来又出现了一些民营的航空企业，例如春秋航空、奥凯航空。航空行业具有非常严格的行业标准，不管哪家航空企业，都应该采用业界认定的标准。因此，这些民营的航空企业在发展初期，在技术方面要采用学习的方式。但是在航线制定、目标客户定位等方面，民营的航空企业应该采用创新的方式，比如，飞一些现有企业不飞的航线，避免直接竞争；强调低价的服务，更好地定位服务的客户群体等。因此，有些时候组织应该学习前人的经验，有些时候组织应该创新。除了航空企业，银行的发展也是这样。中国市场已经有几家成熟的银行，如中国工商银行、中国农业银行、中国建设银行、中国银行，后来也不断地出现了一些新的银行，如一些城市银行和农村商业银行。这些银行在发展初期，在业务标准方面学习现有银行的成熟做法，例如在利率等银行相关规章制度方面，学习现有银行的经验。但是这些银行在目标客户定位以及特色客户服务方面可以有所创新，例如采用信息技术来更好地服务客户等。招商银行之所以受到客户的青睐，就是因为采用了先进的信息技术，而且在服务方面有所创新。

因此，一个领导者应该根据不同的发展阶段、不同的情况，有的时候把重点放在学习上，有的时候把重点放在创新上，从而实现动态切换。

4.2.3 动态转换的领导方法

动态转换的领导方法：领导者应该充分地发挥学习和创新的作用，并使它们之间相互转化，产生"溢出效应"，既让学习促进创新，又让创新促进学习；采取有效的措施建立学习和创新前后相随、良性互动的流程和体系，从而提高组织成效。

领导者在企业经营管理中还需要促进学习和创新之间的相互转换，既要让学习能够促进创新，也要让创新能够促进学习。

如何让学习促进创新？比如领导者了解了不同组织的管理经验之后，会思考自己要怎么创造出不一样的管理实践；了解了其他企业的产品之后，会思考自己要怎么做出不一样的产品，这就是学习促进创新。领导者通过学习，了解了别人的经验和做法，以及回顾了自己以前的经验和做法之后，就可以基于了解到的东西来定义边界。边界之内是领导者了解到的自己和别人已经做过的东西，边界之外就是领导者应该努力、应该创新的方向。因此，通过学习自己和别人以前的经验和做法，领导者就可以知道创新的边界，所以学习可以促进创新。

在汽车制造方面，美国人最先发明了大批量生产流水线。但是当日本丰田公司的领导者到了美国，了解了大批量生产方案以后，认为这种方式对日本并不合适。因为日本生产的产品要销往世界各地，不同地方的地形和路况有很大区别，经济水平也不同。所以丰田公司没有采用美国的大批量生产方式，而是采用中小批量的生产方式。这就是学习促进创新，做前人没有做过的东西。

中国大飞机的生产也是走从学习到创新的发展之路。中国先是购买国外的飞机，然后和国外的飞机制造企业合作，从生产零部件、不断学习技术，到后来逐步形成了自己的创新能力。

如何让创新促进学习？创新的目标和动机可以促使人们总结前人和自己过去的经验和规律，从而知道在哪些方面可以更好地取得创新性的突破。比如一个奥运会开幕式的导演要有所创新，这个创新的目标使他必须观看历届奥运会开幕式的录像。因为要有所创新，他就必须了解前人都做了什么。又比如，研究者通过阅读文献，了解前人都做了哪些研究工作，从而确定了目前的知识范围，划定了知识的边界。研究者明白他的研究要有所贡献，就必须做前人没有做过的，也就是知识的边界之外的东西。因此，当研究者树立了一个创新的目标之后，这个目标促使他尽力地了解前人做过的工作，加强了他对前人知识的学习。

一个优秀的领导者要善于在学习和创新之间转换，从而避免一味地学习过去经验而产生的教条主义，或者一味地否定过去，盲目地进行创新，浪费了很多的人力和物力，实际上只是重复前人做过的东西。任正非认为经验的浪费是最大的浪费，经验的沉淀就是历史的红利。比如设计人员有好的产品设计经验传承到下一个设计人员，这样就可以重复好的经验，避免重复的错误，从而实现历史的红利。现实的红利就是组织面临的现实问题给了组织改进的机会和动力，客户每一次的需求和抱怨对组织而言都是提高的机会。

因此，学习和创新之间的相互推动，就是要"发挥历史和现实的红利"，发挥"组织历史""组织记忆""国家历史"和"国家记忆"的作用，而不能出现组织或国家的"集体失忆"。领导者需要充分利用经验的价值，鉴古通今，让过去、现在和未来相互推动，让过去的历史能够指导未来，也要让现在或者未来遇到的挑战激发领导者以新的视角重新审视和解读历史，改变过去对历史的陈旧认知和看法，建立前后相随的良性互动的系统。

延伸阅读

1. 从《周易》中获得应对变化的领导智慧 [①]

（1）《周易》的概况

笔者在前文中提到，有一些变化是规律性的、可预测的，例如经济的周期性变化，还有一些变化是不确定性的、不可预测的。从中国《周易》的阴阳思想来看，一个人应该具备两种不同的思维方式。

"人更三圣，世历三古"，上古时代的伏羲受"河图洛书"的启发画出八卦图，所谓"一画开天"。中古时代的周文王根据八卦推演出 64 卦，每一卦都有 6 爻，并给每一卦都做了卦辞和爻辞。其中，卦辞是对一个卦的总体介绍，爻辞是对每个爻的解释，因此周文王既作了画也写了文字。近古时代的孔子及其弟子对六十四卦的基本思想做了解释说明，写了十翼(《易传》)，翼就是翅膀，意思是使《周易》如虎添翼，帮助人们更好地理解《周易》的哲学原理和思想体系。

《周易》[②]的知识体系包括《易经》和《易传》。

《易经》中全卦的体系形成过程是：无极生太极，太极生两仪（阴阳），两仪生四象（太阴、太阳、少阴、少阳），四象生八卦（乾、坎、艮、震、巽、离、坤、兑），八卦生六十四卦。

这个过程是"生"出来的，而不是"分"出来的，"生生之谓易"，生是万物演化的过程。就像一棵树，下面是根，是种子，是基因，树干、树枝、树叶、花朵、果实都是从种子"生"出来的，所以树是从下往上的生长过程，是从抽枝发芽到枝繁叶茂、再到开花结果的过程。《周易》是象形文化，《周

---

① 本部分内容是笔者根据自己对《周易》的理解进行的解读，供读者参考。

② 郭彧，译注.周易：中华经典藏书 [M].北京：中华书局，2006.

易》的易经图从下往上类似一棵树的形象，阴在左、阳在右，这都是遵循传统的生长思想而非分流思想。

阴阳太极图就是这棵树的根部，是理解《周易》的基础，六十四卦是从阴阳太极图中生出来的。

（2）《周易》中的阴阳太极图

阴阳太极图讨论了两个问题，一是世界万物的构成，二是世界万物的变化，一静一动。

从静态来看，阴阳太极图认为世界是由相互对立的元素构成的。科学家认为质子和中子构成原子核，原子核和电子构成原子，原子构成分子，分子构成物质，物质构成世间万物，这是现代物理学对客观事物的认识。中国古代学者铁口直断，认为世界是由相互对立的元素构成的，这一点到现在还没有被证伪。

物理学中就有许多相对的现象。在经典力学中，物理学的研究对象被区分为粒子和波。爱因斯坦提出光电效应的光量子解释，发现光波的波粒二象性。德布罗意进一步提出"物质波"假说，认为一切物质都具有波粒二象性，所有的粒子或量子都同时具有波和粒子的双重性质。物质和反物质也是一组相对的概念。1928年，狄拉克从理论上论证了反物质的存在。他认为，除了电子外，正电子也是存在的。正电子同电子除了在电性方面相反之外，其他的性质都同电子是相同的。反物质是同正物质状态相反的物质，正反物质相遇时，就会相互湮灭抵消。例如正电子和电子、负质子和质子都是质量相同但电性（或电荷）相反的粒子。2011年，中国科学技术大学和美国科学家合作制造出最重的反物质粒子——反氦4。

理解世界是由相互对立的元素构成的可以帮助我们形成健全的人格。这个世界有有生命的物质就有没有生命的物质，有白就有黑，有明就有暗，都是白天不好，都是黑夜也不行。有春天就有冬天，都是春天也不好，人需要经历春夏秋冬。有高山就有峡谷，有山就有海，有凸起来的就有凹下去的。有男就有女，有好人就有坏人，有忠臣就有奸臣，人有幸福就有痛苦，没有痛苦就感受不到幸福。人的鼻子是山，口就是海，因此人的身上也有山川。

组织里有忠心耿耿的员工，也有在组织的危急关头就逃跑的员工。任何事情都是相对的，文明亦如此，中国有近代的屈辱，就有现在的复兴。当我们见过世界相对的两面，我们就会更加平和、宽容和泰然地接受这个世界，接受世界的现实，接受世界的不完美！

理解世界是由相互对立的元素构成的也有助于我们理解中华文化。中华文化中经常存在两种相反的说法：比如有英雄莫问出处，但也有出身名门、根正苗红；有不以成败论英雄，但也有成王败寇；有自古英雄出少年，但也有大器晚成；有不要投机取巧，但也有要随机应变；有礼让为先，也有当仁不让……阴阳思想让我们更好地理解中华文化，只要掌握了《周易》思想，我们在任何情境下都可以发表恰当的言论。

经济界有自由市场经济学派，也有国家干预学派。美国经济学界的主流观点认为应该把经济交给看不见的手，但罗斯福新政主张政府干预。《制内市场》[①]这本书提出，西方一般把经济交给市场，而中国政府始终认为经济是政府官员很重要的职责，政府必须主导经济，但是政府又可以在主导范围内开放市场，因此中国的自由市场经济和政府主导是并存的，也就是说，中国是在政府主导下的市场经济。这是中国的经济跟西方国家的经济最大的不同，中国既强调经济的自由市场化，也强调经济是政府的一大重要职能，不能完全交给市场。比如中国古代实行盐铁官营，除了盐铁的税收能使朝廷获得可观的收益外，一个重要的原因是盐铁关系国计民生，不能完全交给自由市场控制。"互联网＋"这个概念刚出现的时候，相关行业是很火爆的，但是自从国家遭受到美国的芯片打压之后，认为"互联网＋"不能解决主要问题，还是应该把重心放在核心技术上，所以制造业又变成了国家非常重视的行业。从中可以看到，中国是政府主导经济的发展。

在中国的企业家可以不从事政治，但必须懂政治，必须了解政府在经济活动中扮演的重要角色。政府对企业发展采取的政策也体现了阴阳思想。一方面，为了提高企业的竞争力，即使接受不公平的条款也要加入世界贸

---

① 郑永年，黄彦杰．制内市场：中国国家主导型政治经济学 [M]．邱道隆，译．杭州：浙江人民出版社，2021．

易组织（WTO）。加入 WTO 后，一部分企业被市场淘汰，存活下来的企业经过磨难、经过挫折，得到了成长，这就是政府对企业的考验。另一方面，政府也会适度地保护弱势企业。2008 年金融危机时，政府迅速建立防火墙，采取有效措施保护中国企业。政府对企业的发展，一方面是放，另一方面是收。一般来说，一个新市场出现后，政府会放任企业野蛮生长，让企业自由竞争，优胜劣汰。一定时期后，政府再对企业采取反垄断、监管、合规等管制措施。如果企业家不了解中国市场是自由市场经济和政府主导的结合，一味认为市场是完全自由竞争的或完全由政府管控的，就会酿成大错。很多企业家都在这方面吃过亏，比如 P2P、互联网＋金融、共享单车等行业的企业家。所以企业家和政府官员都要有阴阳思想。

　　金融界有两种投资理论，一是以巴菲特为代表的价值投资理论，投资看重企业本身的价值，投资优秀的企业，然后把一切交给时间。二是索罗斯的反身性理论。索罗斯的导师是伦敦政治经济学院的教授卡尔·波普尔，波普尔是证伪哲学的提出者，认为任何一个科学理论都不能被证实，只能被证伪。索罗斯深受波普尔的影响，提出反身性理论。他认为投资的价值并不完全基于它真正的价值，很大程度上还取决于外界的舆论和说法。投资者根据其对市场的假设进行投资活动，而活动反过来又影响了市场走势，投资者的行为和市场走势相互影响，不断自我强化。如果投资者听到风声觉得某家企业出现了问题，这家企业就会遭到挤兑，最后真的就有可能面临破产的风险。索罗斯曾成功运用反身性理论做空英镑、泰铢，让市场朝着他期望的方向进行。例如，索罗斯在抛售泰铢时，通过收买媒体渲染恐慌气氛，使民众都以为泰铢会贬值，纷纷兑换为美元，促使泰铢更快地贬值。但当索罗斯在中国继续开展类似的活动时，做空港币却以失败告终。两种理论各有适用范围，现实生活就是这两种力量在共同作用，因此从事金融活动时要对两种理论都加以注意。

　　在社会发展中存在着相互对立的理论。很多学者持历史决定论，认为历史的发展是有规律的，并把人类社会的历史划分为原始社会、奴隶社会、封建社会、资本主义社会和共产主义社会，依次发展下去。而另一些学者则持不一样的观点。波普尔曾说："人类的未来是不可预测的。"他认为未来的发展是不能确定的；英国历史学家和哲学家休谟认为从已知推不出未知，从过去推不出未来；英国哲学家罗素提出火鸡思维。可见，波普尔、休谟和罗素等人都持历史非决定论。

在物理学界中也存在着相互对立的观念。一方面，牛顿力学和爱因斯坦相对论有相互对立的部分。在牛顿力学中，时间和空间是绝对的，但爱因斯坦认为时间和空间是相对的，并且时间和空间是相互联系的、而不是截然分开的。尺缩效应、时间膨胀效应等表明了空间和时间的相对性。另一方面，爱因斯坦的相对论和以玻尔为代表提出的量子力学也有相互对立的部分。爱因斯坦坚持决定论，认为"上帝不会掷骰子"，反对海森堡提出的不确定性原理，即人不能准确地同时测量出粒子的位置和动量，而玻尔用"不要告诉上帝怎么做"这句话来反驳爱因斯坦的观点。玻尔还提出了哥本哈根诠释，认为量子系统的量子态可以用波函数来描述。用哥本哈根诠释来解释薛定谔的猫，就是在人打开盒子之前，猫是否生存各占一半的概率，波函数就是这两种状态的叠加态。

在科学哲学里，证明一个理论是否成立有证实和证伪这两种对立的思路。证实需要归纳总结，可以搜集一定数量的样本，采用统计分析的方法。证实是大部分人使用的方式，但有可能变成教条主义。证伪是只要找到一个反例，就可以推翻这个理论。但很少人会证伪，因为要证伪就要开创自己独特的思维方式。

西方哲学关于本体论也有两种对立的看法。泰勒斯认为世界的本原是水，一切都是由水构成的；毕达哥拉斯强调万物皆数，世界万物都和数相关。水是有形的，而数是抽象的。金木水火土是构成世界的元素，但是除了这些原料外，还需要有配方才能构成世界上的各种物质，这个配方就是数。比如生产可口可乐需要原料，也需要秘密配方。所以西方哲学关于本体论，关于世界的来源、物质的来源，要么重视质料，要么重视形式，分别对应亚里士多德提出的质料因和形式因。质料因、形式因、动力因和目的因组成了亚里士多德关于世界万物构成的四因说，最终简化为质料因和形式因的二因说。亚里士多德认为这个世界是由有形的质料和无形的结构形式构成的，二者是相互对立的。

西方哲学对事物的认知也有两种相对的理论。柏拉图认为物质的现象不可知，而本质可知；康德认为现象可知，而本质不可知。比如肉眼看到的太阳光是白色的，但是通过折射，太阳光可以被分解成赤橙黄绿青蓝紫等色彩，借助仪器我们还可以发现在可见光谱外还有不可见光，例如红外线、X射线等。因此，对光我们不能最终认识，只能认识它呈现出来的现象。就像要完全了解和掌握一个人很难，我们只能看到他在某个时期呈现出来的表象，永远无法认识其所有特征。中国有句名言是"路遥知马力，日久见人心。"例如，中国对领导者的选拔过程，就是通过尽量长的时间和尽量大的空间对其进行考察，而不是像一些西方国家那样，通过几次演讲就可以选拔领导者。

西方哲学对于人的知识来源也有两种理论，一种是先天论，一种是后天论。先天论以柏拉图、笛卡儿、莱布尼兹为代表，认为人的知识生来就在大脑中，就像煤矿，只是煤矿无人开采，教育的目的就是清除覆盖在矿上的尘土，让真知灼见显现出来。所以苏格拉底说自己继承了妈妈的事业，妈妈是给真正的生命接生，他是给知识接生，是"精神上的助产士"。6岁的孩童没有学习过勾股定理，但是苏格拉底可以通过询问他一系列问题启发他说出勾股定理。这在佛教里叫做慧根，佛教认为人都拥有慧根，只是被蒙上了尘土，需要有人点拨。先天论说明了启发式教育的重要性，知识和智慧可以被启发出来。教育（education）的英文单词前面的词根就有"向外拔"的含义，就是把人内在的东西拔出来。

后天论以洛克、休谟为代表，认为人的知识是后天获得的，是从经验中来的，人必须经过后天的学习来获取知识。比如读万卷书，还必须行万里路；想了解资本主义国家，就要观察美国；想了解老子的思想，就要到河南鹿邑；想了解孔子的思想，就要到山东曲阜；想学领导力，就必须经过领导实践，体会领导的真谛。后天论认为后天的经验是非常重要的，这也是我们需要学习和实践的理论依据。

先天论和后天论是对立的，先天论认为要启发式教育，不要灌输知识，后天论认为必须要体验，没有经历、没有切肤之痛，就没有真知灼见，纸上谈兵是没有用的。正所谓"切肤博弈"，不入局就无法学到真的东西。

事实上，先天和后天都很重要。培根曾说："经验主义哲学家好比蚂蚁，只会盲目地搜集材料而不会加工；理性主义者好比蜘蛛，只会从自己的肚子里吐丝织网，而不知联系实际；真正的哲学家应当像蜜蜂一样采集百花然后酿成香甜的蜜。"蜘蛛吐丝代表先天的能力，蚂蚁搬运代表后天的经验，蜜蜂采花蜜并通过自身的加工将花蜜变成蜂蜜，所以蜜蜂是通过先天的加工能力把后天的经验转化成了知识。康德认为人的认识形式是先天的，但是知识加工的原料需要通过后天获取。所以人的知识来源于先天的认识能力加上后天的感性经验。

从动态来看，阴阳太极图认为世界万物的变化是相互依存、相生相克、相互转化的。

相互依存关系是相对论的概念。例如美好和丑恶是相对的，幸福和痛苦是相对的，如果没有痛苦的体验，就不会理解什么是幸福。所以有时候家长给孩子提供舒适的环境，不如让孩子接受更多的考验。

相生相克和相互转化可以从太极图中领会到。任何一个东西，比如太极图中的白色在刚产生时，体内就会随之产生一个黑色的种子。就像太阳从海平面升起时，下降的趋势也随之开始；任何一个政权建立时，破败的趋势也随之开始；任何一个企业创立时，衰落的趋势也随之开始。随着白色的部分不断长大，开始成为主体时，黑色的种子就开始萌芽，而白色的种子也随之产生。比如太阳在正午出现下降的趋势时，次日升起的趋势也就开始了。自然界中的元素相互作用、相互转化，形成了白天黑夜，形成了一年四季，形成了每12年的小周期，形成了每60年的大甲子。

西方文明从开始兴盛时，下降的趋势也随之产生了。1840年中国遭受屈辱，中国人开始不断反思东西方文化应该如何兼收并蓄时，中国强盛的种子就已经播下。现在中国需要警惕人口红利的下降对国家实力产生的威胁。根据2020年第七次全国人口普查的结果，全国总人口为144350万人，相比2010年第六次普查结果，年均增长0.53%，人口增速放缓。人口是决定国家实力很重要的因素，例如语言的传承要看使用该语言的人数，在互联网时代，互联网用户越多，国家在网络空间的权力就越大。

相互转化的思想就是无变有，有也会变无。《道德经》①里面讲"有"和"无"是阴阳，"天下万物生于有，有生于无。"比如一个人之所以创业，是因为他没有自己的事业，所以无会变成有，但有了之后又可能出现各种状况变成无。比如一个朝代建立初期，领导者会吸取前朝的教训励精图治，但到后来往往又会重蹈覆辙而衰败。所以成就一个人的往往是他的对立面，譬如，从某种意义上说，洪秀全对成就曾国藩起了作用，阿古柏对成就左宗棠起了作用，鳌拜对成就康熙起了作用。成就一个人的不光是关爱和关怀，更是其经历的困难和磨炼。所以万事万物之间是相互依存、相生相克、相互转化的关系。

了解了世界万物的构成和变化，我们可以得到阴阳兼顾、阴阳切换和阴阳转换三个启发。

阴阳兼顾就是领导者必须善于把相对的两样东西都抓在手里。比如诸葛亮治理蜀国时宽严相济；邓小平说"两手抓，两手都要硬"，物质文明要抓，精神文明也要抓。因此，阴阳兼顾就是阴阳平衡的思想。比如企业家对员工的管理，既要考虑"人之初，性本善"，也要考虑人性中恶的一面；员工手册既要说明员工应该做什么，又要说明员工不应该做什么。阴阳兼顾体现在政治智慧上，最重要的就是一国两制，中国可以有社会主义，也可以有资本主义。阴阳如果没有兼顾的概念，只有极端化的思想，中国就不可能完成香港的回归。

阴阳切换是指事情在不同阶段有不同的重点，领导者应该在不同的重点之间切换关注。例如改革开放时期，国家领导人重视效率甚于公平，打破了吃大锅饭时期公平但不富有的平衡，让一部分人先富起来，再让全国人民共享改革开放的红利，全面消除贫困。所以领导者在不同阶段的工作重点是根据情况来调整切换的，飞行员的任务是让飞机平衡，领导者的任务就是纠偏。不同时代有不同的特点，领导者要学会阴阳切换，不能过度强调某一方面，

---

① 张景，张松辉，译注. 道德经：中华经典名著全本全注全译丛书 [M]. 北京：中华书局，2021.

一旦失衡就要通过切换来保持平衡。

阴阳之间还会相互转换。例如软实力和硬实力之间的转换，软实力转换为硬实力就是领导者用好的想法、商业计划、商业模式打动投资者，把无形的东西变成有形的人、财、物等资源，这就叫作变现。硬实力转换为软实力就是领导者购买引进先进的管理方法和管理思想，把有形的资金变成无形的知识。"穷则变，变则通，通则久"，"穷"是走到尽头、走到极端的意思，任何东西只要走到尽头就会向它的反面变化。如果一个人不富有，今后就有可能变得富有。要战胜敌人，可以不断地捧他，不断地给他荣誉，让他得意忘形。"久"指的是动态的长久，事物只有不断变化才能持续。阴阳转换还包括下面的情形：因为无而产生有，因为贫困所以努力，因为富有所以安逸、所以失败。《周易》的思想具有非常强的忧患意识，正如中国国歌中有一句歌词"中华民族到了最危险的时候"，在艰难的时候，要敢于进取，即使在安全的时候，也要想到危险。忧患意识能使一个国家和民族更为强大和长久。《周易》告诉我们在顺境中也要谦虚谨慎、戒骄戒躁，在逆境中也不要自暴自弃、怨天尤人。当我们成功时，我们应该想到成功不是永远的，失败时也应该坚信否极泰来。人处在变化之中，世界也处在变化之中，了解这个世界的一切都有相互对立的元素存在，都是相互转换的，我们就会感觉到安宁。

（3）《周易》中关于卦和爻的基础知识

《周易》是"大道至简"，领导者应该从中学习和掌握一些规律。

学习《周易》的卦，首先要知道它们的命名方式。阳爻为实线，阴爻为隔断的虚线，阳爻称九，阴爻称六。当位就是阳爻在阳位（奇数位），也就是第1、3、5爻在阳位，阴爻在阴位（偶数位），也就是第2、4、6爻在阴位。最当位的是第六十三卦既济卦，"既"代表"已经"，"济"代表"成功"，总体就象征着"已经成功"。既济卦的第1、3、5爻和第2、4、6爻都当其位，阳爻在奇数位，阴爻在偶数位，阴在上，阳在下，上下是可以互动的。未济卦的形态则和既济卦的形态刚好相反，各爻都不当位，阴在下，阳在上，相互分离，不能互动，代表事物要重新开始。在《易经》中，有些卦互为"错卦"，有些卦互为"综卦"，有些卦互为"复卦"，有些卦互为"杂卦"。

"错综复杂"这个成语就是这样来的。

2. 关于变化的周期性观点

可预测的、有规律的变化主要可以通过周期理论来认识和理解。

所谓周期理论，指的是事物的发展总是遵循某种周期循环。比如一年有四季，一年有二十四个节气，每十二年是一个小周期，每六十年是一个大周期，即一个甲子。《黄帝内经》[①]认为人的发展也是有周期的，对男人来说每八年是一个周期，对女人来说每七年是一个周期，男女周期不同是为了能够错开，让社会不断地发展。人们应该根据周期进行保健和调养。

社会领域里也存在类似的变化。纵观历史，通常一个朝代建立后，会经历一段非常兴盛的时期，到达顶峰之后，就会开始衰败，最后被另外一个朝代所取代。一个朝代刚刚建立的时候，领导者励精图治，从过去覆灭的朝代中吸取经验和教训，严格要求自己，不断进取，并且为百姓考虑，天下为公。朝代繁荣之后，领导者就会逐渐丧失进取意识，创造能力下降，开始贪图享乐，滋生腐败现象，然后遭到百姓反对，最终被另外一个朝代所取代。可以看到，任何一个朝代都会不断发展变化，一种变化是规律性的，即发展、繁荣、衰退的过程，但有时候也会出现一些不确定的和不可预测的变化，比如不同朝代持续的时间长短不同，周朝长达八百年，而元朝延续了九十多年，有些朝代还会出现外敌入侵等突然的冲击，这对朝代的发展也会产生重要影响。

经济周期理论认为经济的发展会经历周期性的繁荣和萧条。俄国经济学家康德拉季耶夫提出科技发展驱动的、为期45~60年的经济周期（简称康波周期）[②]，认为创新性技术的产生带来了技术更新、经济发展的繁荣期、经济增速放缓的衰退期、萧条期和回升期。根据康波周期，自从工业革命以来，全球已经经历了纺织工业和蒸汽机技术驱动的第一波周期、钢铁和铁路技术驱动的第二波周期、电气和重化工业驱动的第三波周期、汽车和计算机驱动的第四波周期，现在正处于信息技术驱动的第五波周期中。

---

① 姚春鹏，译注.黄帝内经（全二册）：中华经典名著全本全注全译丛书[M].北京：中华书局，2010.
② Kondratieff，Nikolai D. The Long Wave Cycle[M]. Translated by Guy Daniels. New York: E P Dutton，1984.

国家之间的关系同样也存在周期性。"没有永恒的朋友，只有永恒的利益。"随着利益格局的变化，国家之间的关系会经历敌对、中立、友好等关系的循环。

3. 关于变化的不确定性观点

英国哲学家罗素曾提出"火鸡思维"。西方在感恩节之前，火鸡每天都能得到很好的喂养，火鸡从每天的喂食中归纳总结得出结论，将每天丰盛的食物看作是非常自然且合理的。但是感恩节当天，一切都发生了改变。火鸡成了人们餐桌上的美食。"火鸡思维"给人们的启示是，无论在曾经一段时间内的事物呈现出何种规律性，我们都不能简单地从曾经的规律中推断今后的情况，因为世界是不确定的。

在罗素之前，前英国哲学家休谟就有一个著名的论断，大致的意思是，从已知推不出未知，从过去推不出未来。这句话同样也体现了不确定性的思维。

当代学者塔勒布对不确定性的问题进行了研究，出版了几本书，提供了有益的参考，分别是《黑天鹅》[①]《反脆弱》[②]《随机漫步的傻瓜》[③]《非对称性的风险》[④]。

（1）《黑天鹅》的观点

哲学家休谟认为，"从过去推不出未来，从已知推不出未知。"哲学家波普尔认为，科学的发展就是一个不断证伪的过程，每个理论都有其存在的条件，随着时间的推移和事物的发展，这些理论会不断地因为反例的出现而被证伪，所以理论会不断地得到修正，不断地接近真相，但是不可能到达真相。类似地，哲学家罗素提出的"火鸡思维"生动地指出，如果一只火鸡在主人家被细心地喂养了一千天，它也许会推断出，每天被按时投喂是自己应有的权利。但是感恩节的到来会使其成为人们餐桌上的美食，

---

① [美]纳西姆·尼古拉斯·塔勒布.黑天鹅[M].万丹，刘宁，译.4版.北京：中信出版社，2019.

② [美]纳西姆·尼古拉斯·塔勒布.反脆弱[M].雨珂，译.2版.北京：中信出版社，2020.

③ [美]纳西姆·尼古拉斯·塔勒布.随机漫步的傻瓜[M].盛逢时，译.4版.北京：中信出版社，2019.

④ [美]纳西姆·尼古拉斯·塔勒布.非对称性的风险[M].周洛华，译.北京：中信出版社，2019.

火鸡以前总结出来的结论就被彻底地否定了。

塔勒布在《黑天鹅》①一书中认为，不确定性才是常态。他将这种会给个人、组织、国家和社会等带来巨大影响的不确定性变化事件称之为"黑天鹅"。"黑天鹅"有如下三个特点：不可预测、影响重大、事后可以解释。他的思想和上述休谟、波普尔和罗素的思想在本质上是一致的。也就是说，不管我们对过去了解多少，都无法准确地从过去推出未来。因此，今后总是会出现不确定性的变化，而正是这种不确定性的变化将对人们的工作和生活等产生重大的影响。因此，人们必须采取有关的策略来应对"黑天鹅"的挑战，或者从黑天鹅事件中获益。

在书中，塔勒布分析了人们在心理学层面和认知方法上往往低估黑天鹅事件出现的原因。在心理学层面上，塔勒布认为，"叙述谬误"（人脑为了记住和理解各种事实，会给这些事实之间人为地加上各种关系，如相关关系、逻辑关系或因果关系等）、"证实谬误"（人脑一旦产生了某种认知或者假想的关系，就会寻找能够证明这种认知或假想的关系的正面的例子，而忽略反面的例子）、"幸存者偏差"（人脑只能对还依然存在的证据进行分析、而无法对已经消失了的证据进行分析，从而产生了认知偏差）是使得人们高估自己的知识、而低估不确定性的重要原因。在认知方法上，塔勒布认为，人们熟知的、传统的钟形曲线（正态分布曲线）只适用于处理平均斯坦的不确定性（一般正态分布中的不确定性，譬如，和人的身高有关的不确定性）、而不适用于处理极端斯坦的不确定性（非一般正态分布中的不确定性，譬如，和人的财富有关的不确定性）。其中，黑天鹅现象就和极端斯坦的不确定性相对应。

在书中，塔勒布也提出了人们应对黑天鹅事件应该采取的态度和策略。首先，他认为人们需要在态度上完全承认和接受这样一个残酷的现实——人们无法预测黑天鹅事件。然后，他给出了下面两个具体的策略。

第一个策略是，人们面对不确定性需要保持一定的冗余资源，不要只

---

① [美]纳西姆·尼古拉斯·塔勒布.黑天鹅[M].万丹，刘宁，译.4版.北京：中信出版社，2019.

准备"刚刚够"或"刚刚好"的资源，以提高自身对黑天鹅事件的抗打击能力。从这个思路来看，我们可以推断，曾经被企业家们推崇的精益生产（lean production，LP）及准时制（just in time，JIT）尽管能够在经济上节省资源、降低成本，但并不利于应对"黑天鹅"的挑战。他认为，人之所以有两只眼睛、两个肺、两个肾，就是因为这些器官极其重要，因此需要保持一定的冗余性，当其中一个失效之后，另一个还可以继续工作。我们从抗击新冠肺炎疫情期间企业的表现来看，能够生存下来的企业一般都有较充足的资金、物质和技术储备，而在这些资源方面储备不足的企业就很容易倒闭。还有，当我们平时在电脑上备份文件时，除了在电脑、移动硬盘，以及各种"云"上面进行电子版的备份外，还应该打印出纸质版进行备份，以确保文件的安全。

第二个策略是，领导者应该使用杠铃式策略进行投资。杠铃的两头大、中间小。领导者在投资的时候，应该把85%~90%的资金放在杠铃的一头——安全的、有稳定收入的领域；把10%~15%的资金放在杠铃的另一头——具有高风险、但有高回报的领域；对于中间的细长杠部分，则不需要投资。杠铃式投资策略既保证了稳定的收入、可控的风险，又能够取得较高的收益。这样做就能抗击黑天鹅事件的负面影响，甚至反而能够在黑天鹅事件中获利。塔勒布不仅提出了杠铃式投资策略，而且还是采用杠铃式投资策略获得成功的实践者。《黑天鹅》这本书之所以能够引起人们的关注，不仅是由于书中的理论观点有新意，而且在很大程度上也是因为作者在实践中成功地运用了书中提出的杠铃式投资策略，从而在美国1987年股市崩盘和2001年"9·11"恐怖危机时赚得盆满钵满。

（2）《反脆弱》的观点

塔勒布在《反脆弱》①这本书中提出，世界上的事物分为三种类型，第一种是脆弱类，第二种是强韧类，第三种是反脆弱类。脆弱类的事物喜欢稳定的环境，一旦环境发生改变，就无法生存和发展，就像地球上曾经的霸主恐龙。强韧类的事物具有一定的韧性，不太依赖环境，对环境的变化不敏感，环境变化对其本身没有什么影响。而反脆弱类和脆弱类的事物刚好相反，

---

① [美]纳西姆·尼古拉斯·塔勒布. 反脆弱[M]. 雨珂，译. 2版. 北京：中信出版社，2020.

环境变化越剧烈，自身发展得越好、变得越强大。

塔勒布提出了三种反脆弱的方法。

第一种方法，是尽量使自己生存下来，那就是要尽量避免从事高危行业或者在高危环境下做事，不要去承受生命不可承受之重。

这个方法同中国古代圣人孔子所说的下面两段话①的道理是一致的。孔子曾告诫自己的学生说："危邦不入，乱邦不居。天下有道则见，无道则隐。邦有道，贫且贱焉，耻也；邦无道，富且贵焉，耻也。"这段话的含义是："不进入局势危急的国家，不居住在动荡混乱的国家。天下政治清明就出来效力，天下政治黑暗就隐居。国家政治清明，自己却身处贫贱，这是耻辱；国家政治黑暗，自己却享有富贵，这也是耻辱。"类似地，中国古圣人曾说："防祸于先而不至于后伤情。知而慎行，君子不立于危墙之下，焉可等闲视之。"这段话的大致含义是：人要事先预防可能出现的灾祸，这样到时候就不会受到伤害。人要知晓事物，谨慎行事，不要站在危墙的下面。人对这些事情和道理一定不可以等闲视之。

然而，在实际工作和生活中，有一些人或一些企业为了一点蝇头小利而冒极大的风险去做事情，这同上面提出的反脆弱的精神是相违背的。个人或企业在做事时一定要思考，自身是否能够承受做这件事时可能出现的最坏的结果？如果不能承受，就最好不要为了一点小利而行动，以至于失去了个人或企业的美好前程。我们可以从现实中很多反腐败的案件中找到反面案例进行学习和反思，并引以为戒。

第二种方法，是在生存的基础上运用不确定的变化获益，那就是要采用杠铃式策略来做事以增加反脆弱性，从而提高收益。下面从3个方面来具体阐述这些策略。

①个人或组织采用杠铃式投资策略

个人或组织可以在投资时采用杠铃式策略，也就是将资金投放在杠铃的两端，在一端投入大部分资金以获得确定性带来的收益，在另一端投入

---

① 陈晓芬，徐儒宗，译注．论语·大学·中庸：中华经典名著全本全注全译丛书 [M]．2 版．北京：中华书局，2015.

少部分资金来获得不确定性带来的收益。

②个人建立合理的知识结构和能力结构

塔勒布强调要通过建立个人合理的知识结构和能力结构来提高生存和发展的机会。譬如，对于一个大学生来说，他今后从事的专业领域所需要的知识和能力对其事业发展一定是特别重要的，所以他应该将自己大部分的时间和精力投入到这些专业知识和能力的掌握中。但是，他也需要投入一定的时间和精力来掌握那些非专业领域的知识和能力，譬如长跑和短跑的知识和能力、深水游泳的知识和能力、野外生存的知识和能力、极端情况（如火灾、地震和海啸等）下自救的知识和能力、反诈骗的知识和能力、同犯罪分子周旋和自救的知识和能力等。这些非专业领域的知识和能力虽然使用的概率较小，但是一旦发生相关的事件，他就可以从对这些知识和能力的投资中获得极大的回报。

但是在现实中，我们会看到一些受过良好的高等教育的学生学业成绩很好，专业素质很高，但是极限生存能力较弱，对于社会的现实性和残酷性了解也较少。因此，我们有时会看到一些在不利的自然环境下发生的悲惨案例，或者在不良的社会环境下发生的学生被人诈骗甚至拐卖的案例。我们应该从这些事件中吸取教训。

③组织建立合理的多样性以及从多样化的成败中学习

一个组织可以根据其战略目标建立主体的组织结构、流程和文化等系统，但是也要适度地允许多样性（甚至是少量相反的做法）的存在。这样保持适度多样性的目标是为了达到"风水轮流转""西方不亮东方亮"的效果。对于组织中的某个个体或者群体而言，其成功和失败对整个组织来讲都是有益的。一方面，有些个体或群体的成功为组织提供了经验，组织中其他个体或群体可以学习这些成功的经验。另一方面，有些个体或群体的失败也为组织提供了教训，组织中其他个体或群体可以吸取这些失败的教训。相比于成功的经验而言，失败的教训可能在有些时候更加重要。所以在组织中，个体的失败或群体的失败，为其他更多的个体或群体提供了学习的机会，少数人的试验可以为组织中的多数人提供进化的可能。所以，对于组织的进化而言，个体或群体的成功和失败都是有益的。因此，在主体的组织特征的基础上建立适度多样化的特征，使得环境变化下组织中多样化的个体或群体会经历成功和失败，为整个组织提供了学习的机会，这样就促进了整个组织应对环境变化的能力，组织系统的反脆弱性就会大大增强。

其实，如果扩大来看，在一个行业内，存在具有各种不同特征的公司是一件好事，这种多样性可以为应对环境变化提供成功和失败的案例，然后这些案例可以被整个行业的企业学习，从而促进整个行业的进化。再往大了说，在一个国家，在保留主体特征的基础上的适度多样性，也会为整个国家适应变局提供成功和失败的案例，从而促进整个国家的进化。再扩大一些，站在整个人类社会的层面上来看，地球在保留人类命运共同体的基本理念的基础上，保留各国文化的差异性，让各种文化都能在环境的变化中展现自己的优势和劣势，这样也就使得其他国家有了学习的机会。从整个人类社会来看，这样的情况实际上是特别有益的。局部的成败为整个人类社会提供了学习和进化的机会，最终会促进整个人类社会的生存和可持续发展。

第三种办法，是在生存的基础上主动地理性试错，根据试错的结果进行迭代，逐步确定正确和优化的行动方案。譬如，某企业发现一个充满不确定性风险但又很有前途的投资领域，为了降低风险、取得更好的投资回报，企业可以先进行少量投入、开展小范围的试验。如果效果好，则逐步扩大投资和应用的范围，直至找到最佳方案。企业在开发新产品投放到已有市场、将已有产品投放到新市场或者开发新产品投放到新市场时，都可以采用试验式的开发新产品或者试验式的投放新市场的策略。企业投资一定要逐步进行，千万不要一下子就投入所有的资本，否则不仅不能抓住机会，反而会损失大量的资本。另外，一个国家的政治经济体制改革在很多时候也是收益大但风险也大的事情，所以这种改革应该采用渐进式的方式进行。譬如，中国的市场经济改革和国家统一大业的进程中，采用市场经济体制和一国两制都是前所未有的事业。如果一下子全面铺开这些改革有可能面临一定的风险。所以，我国在深圳进行市场经济改革试验，有了成功的经验之后再逐步向沿海城市和内地推广，成功地完成了市场经济改革。我国在香港进行一国两制的试验，有了成功的经验之后再向澳门进行推广，成功地完成了澳门的回归和统一。

当然，在这方面也需要吸取一些教训。譬如，有一些企业在投资一个新的领域时，没有经过逐步的试错过程，而是一下子就进行了大量投资。由于一开始没有看清方向而导致投资失败，最后企业破产。有一些国家在进行政治经济体制改革的过程中，也是采用一步到位式的休克疗法，使得国家出现动荡和损失。我们应该从这些事件中吸取教训。

（3）《随机漫步的傻瓜》的观点

人们通常认为，我们需要从成功者的经历中学习，譬如阅读记载成功者故事的书籍、聆听成功者的演讲等，从中学习到成功的规律和经验。但是，塔勒布在《随机漫步的傻瓜》[①]一书中提出，这种学习往往不容易达到预期的效果。他认为，在很多时候，一个人的成功是有一定随机性的，是个概率事件。现实中的很多成功者往往会在自传中总结自己的成功之道，别人也会宣传他们的成功之道。然而，塔勒布认为，这些成功之道并不能完全真实地反映客观规律，人的成功存在很大的随机性和偶然性。

塔勒布在本书中主要阐述了下面几个观点。第一，人的成功具有一定的偶然性、随机性和不确定性，人能够真正掌控的部分并不大。第二，人们具有对成功故事进行总结归纳的偏好，希望从故事中发现某种因果关系规律。第三，人们对成功经验的总结往往存在"幸存者偏差"的现象。那就是，人们会仅从成功者（即幸存者）一方的故事中进行"总结归纳"，得出"成功秘籍"，并向社会大众"兜售"。而这些"贩卖"给大众的"成功秘籍"的价值往往不大。这是因为，只考虑成功者（幸存者），而不考虑失败者（非幸存者），这种片面的样本不仅不会正确地反映客观世界的规律，反而会扭曲这些规律。所以，"幸存者偏差"这一现象的存在使得这些总结出来的"成功秘籍"没有很大的说服力。

关于上面提到的"幸存者偏差"现象，塔勒布在书中举了一个令人印

---

① [美]纳西姆·尼古拉斯·塔勒布.随机漫步的傻瓜[M].盛逢时，译.4版.北京：中信出版社，2019.

象深刻的例子。在第二次世界大战期间，英国皇家空军作战指挥员聘请美国哥伦比亚大学的一位统计学教授来帮助加强飞机某些部位的设计。由于当时的技术有限，不能对整个飞机进行加强，而且那样做会使得整个飞机太重、不能正常飞行。这位教授在接到任务之后，就对所有参加过作战而且飞回来了的飞机进行观察，记录了弹孔的分布位置，并制作了具体的图表。根据这些记录和图表，他发现，弹孔大多集中在飞机的机翼，而飞机的驾驶舱和尾部基本上没有弹孔。那么应该加强飞机哪个部位的设计呢？有些人认为，应该加固弹孔密集的机翼。但是，这位教授却提出，最需要加强的是没有弹孔的机舱和机尾。他的理由是：这些机翼中弹的飞机都飞回来了，而在机舱和尾部中弹的飞机都没有机会飞回来，所以应该加强的不是有弹孔的机翼，而是没有弹孔的机舱和机尾。

塔勒布用这个例子说明了，从成功者的经历中学习的过程很容易产生幸存者偏差。也就是说，当我们要总结成功的真正规律或者经验的时候，我们不仅需要成功的样本，而且还需要失败的样本，只有对由这两种样本组成的完整的样本进行分析，才有可能找到成功的原因和规律、失败的原因和规律。在上面的案例中，人们只能看到成功者——飞回来了的飞机，而没有看到失败者——没有飞回来（坠毁）的飞机。如果只看成功的样本，一般人很容易错误地得出应该加强有弹孔的机翼部位的设计的结论。教授既能看到成功的样本，又能想到失败的样本，将这两种样本综合起来考虑，教授就会得出下面的结论：相对而言，机翼很可能并非"要害"部位，而机舱和尾部更有可能是"要害"部位。所以应该加强的是机舱和机尾，而不是机翼。

我们可以从塔勒布上面的观点中得到如下的启示。

第一，正是由于成功具有一定的偶然性、随机性和不确定性，人能够掌控的只有一部分，所以我们在自己的人生道路上，应该努力抓住我们能够把握的部分，而坦然地面对不能把握的部分，做到俗话所说的"尽人事以听天命"。人要努力做好准备、努力成长、努力丰富自己，由于随机性和概率的存在，这样的人总会有机会、好运总会到来。人们常说"机会往往留给有准备的人"。当然，人要学会等待，保持耐心，等待命运的垂青。中国著名的经典《素书》中有一段话："贤人君子，明于盛衰之道，通乎成败之数；审乎治乱之势，达乎去就之理。故潜居抱道以待其时。若时至而行，则能极人臣之位；得机而动，则能成绝代之功。"这段话一方面是讲我们必须掌握一些确定性的规律，那就是"明于盛衰之道，通乎成败之数；审乎治乱之势，达乎去就之理"，但是也需要学会面对不确定性、学会等待时机，那就是"故潜居抱道以待其时。若时至而行，则能极人臣之位；得机而动，则能成绝代之功。""尽人事"——努力把握确定性的部分，又"听天命"——耐心等待不确定性的机会，这样的心态会让我们更好地面对人生、面对工作、面对生活。

第二，正因为人们具有对成功的故事进行总结归纳的偏好，希望从这些故事中发现某种因果关系，所以我们在总结的过程中，需要注意以下三点。①自己在取得成功时，要进行一些总结，认识到哪些方面是内因、是自己努力的结果，哪些方面是外因、是他人或环境给予的机会和帮助。因此，一方面要对自己的成功保持清醒的头脑，保持谦虚的心态，绝对不能有盲目自大和膨胀的心理；另一方面要有感恩的心态，并时刻保持警醒的态度。别人在取得成功时，自己也不要盲目崇拜、妄自菲薄，更不能"羡慕嫉妒恨"，要分析有多少是因为别人的品德、聪明才智和主观的努力等，还有多少是因为机会、环境、别人或组织的帮助等。这样人们才能客观地看待自己和别人的成功，并从中学习。②总结归纳的过程中一定要分析哪些样本是真实的、哪些样本是不正确的。在处理这些样本、进行分析之前，人们一方面需要尽量收集到那些正确的样本，另一方面需要去掉那些错误的样本，消除错误的干扰，这样才能得出正确的结论。因此，人们要学会屏蔽不相关的信息、消除噪音。这样做一方面是为了获得尽量真实的样本，另一方面也是为了尽量避免浪费太多的时间成本，因为时间对一个人来说实在是太宝贵了。③在总结经验和运用规律的过程中，人要避免"惯性思维"和"路径依赖"，对各种内外的变化保持敏感并及时做出调整，而不能被经验束缚和绑架，避免陷入"教条主义"或"经验主义"，这样才能不断地成长。

第三，正因为人们对成功经验的总结往往存在"幸存者偏差"的现象，所以在对自己成功和别人成功的原因进行分析时，要保持理性和批判性的思维，不要被某些表面的分析"忽悠"和迷惑，要敢于发现其中的漏洞，并努力进行修正。譬如，当我们从成功人士的经历中学习时，我们不仅仅要看成功人士这部分样本的情况，而且还要增加一些失败人士的样本的情况，只有将这两部分样本的情况进行对比分析，才能找到关于成功和失败更为正确的规律。

（4）《非对称性的风险》的观点

塔勒布主要写作研究的领域是不确定性问题。他在写完《黑天鹅》《反脆弱》和《随机漫步的傻瓜》这三本书之后，又写了《非对称性风险》这一本书。我认为，从时空理论来看，塔勒布的前三本书《黑天鹅》《反脆弱》和《随机漫步的傻瓜》主要是从时间视角阐述了不确定性问题产生的原因以及应对的策略，而《非对称性风险》这本书主要是从空间视角阐述了不确定性问题产生的原因以及应对的策略。

塔勒布在《非对称性风险》[①]一书中提出，很多不确定性事件之所以爆发，其中一个很重要的原因是广泛存在于组织和社会中的不对称性状态所产生和积累的矛盾。塔勒布在书中提出了三种非对称性。

第一种是信息的不对称。譬如，房地产公司在设计和建造居民住宅的时候，他们是最了解住宅的质量和安全性等方面的信息的，而后来购买住宅的业主不可能掌握同房地产公司相当数量的信息。因此，房地产公司和业主之间存在的这种信息不对称性，就有可能使得房地产公司在设计和建造住宅时偷工减料、节省投入、仅仅满足短期的交付要求。时间一长，房子就可能开始出现各种质量和安全问题，给住户带来生命健康和经济财产方面的巨大损失，而房地产公司又不断地以各种理由搪塞和敷衍，不实质性地为业主解决问题。因此，这些矛盾不断积累，当矛盾大到一定程度时，业主就会进行大规模的抗议，甚至围攻房地产公司，最后导致重大的社会事件，即黑天鹅事件。还有，金融公司在设计理财产品或者其他金融衍生产品时，是最了解这些产品的潜在收益和风险的，他们都知道今后可能在什么时候、

① ［美］纳西姆·尼古拉斯·塔勒布. 非对称性的风险 [M]. 周洛华，译. 北京：中信出版社，2019.

什么地方出现暴雷，但是客户不可能掌握这些专业信息。金融公司开始时向客户销售这些产品，甚至通过承诺和夸大高额收益来向客户兜售这些产品。随着时间的推移，这种击鼓传花式的"庞式骗局"总会在某一天爆发，给客户造成巨大的经济损失，而届时金融公司的经营者甚至通过"跑路"来逃避责任，形成重大的金融"暴雷"事件，即黑天鹅事件。还譬如，美容机构在设计整形美容服务的时候，他们自己是最了解整形美容服务项目给客人带来的整形美容效果以及相应的身体风险的。但是客人并不能掌握这么多医学方面的专业信息。美容机构就有可能利用这种信息不称性，夸大整形美容的效果、掩盖对身体潜在的风险，向客人过度承诺以获取钱财。但是，经过整形美容的顾客可能会在后面的生活中逐渐感受到整形美容带来的副作用，当这种副作用越来越大、受害者越来越多时，就会激化整容机构和顾客的矛盾，最后导致重大的恶性社会事件，即黑天鹅事件。

第二种是权利和责任的不对称。一个国家希望向其他国家输出它的政治体制和文化体系，就会干涉别国的内政、开展颜色革命，甚至发动战争，但是该国自己却不承担任何不良的后果。这个国家具有干涉的权利，但却不承担相应的责任，被干涉的国家的人民却承担了所有的不良后果。这种权利和责任的不对称性势必会引起两国之间的矛盾，为两国关系布下"地雷"。随着时间的推移，这些矛盾日积月累，直到某天终于爆发，就会产生震惊世界的大事件。还譬如，咨询公司在给客户企业做咨询业务时，咨询师可以向客户企业提出各种建议，试图按照自己的偏好和理解改变客户企业的经营管理方式，甚至想在客户企业尝试某种经营管理模式的实验。但是，咨询公司不会承担其建议在客户企业产生的各种不良风险和后果。如果咨询公司提出的建议导致了客户企业的利益损失或者破产倒闭，咨询公司也不需要承担任何责任。咨询公司这种权利和责任的不对称性也会引起咨询公司和客户企业之间的矛盾，矛盾的激发对两者都会产生严重的负面影响。

第三种是人数的不对称（或者称为少数派主导的不对称）。譬如，有一群人在一起聚会聊天，其中大部分人都用普通话，只有极少数人用某种外语。其他人为了照顾极少数只懂外语的人，就不得不都讲外语。显然，大多数人用外语聊天不能尽表其意，因此其利益实际上是因为少数人而受到了负面影响的。还譬如，一些人在一起参加庆祝聚餐活动，大多数人都能吃辣菜，只有极少数人不能吃辣菜。为了照顾极少数人，厨师就都做免辣的菜，这样也影响了多数人想吃辣菜的权利。还譬如，在一些专制落后的国家，普通民众平时的出行都乘坐公共交通工具，但是由于极少数权贵们掌握了权力，只要他们出行就要全面禁止公共交通工具的运行。这种少数权贵阶层过度的特殊化也是一种严重的少数派主导的现象，会带来大多数民众和少数权贵人士之间的矛盾。在一般的情况下，这些矛盾不会带来什么问题，但是一旦这些矛盾由于某些因素被激发和放大，就会导致多数人和少数人之间巨大的冲突，成为黑天鹅事件。

塔勒布认为，信息的不对称、权利和责任的不对称，以及人数的不对称（即少数派主导的不对称），会导致社会中人和人之间的矛盾。如果这些矛盾随着时间的推移不断积累和扩大，那么就有可能在今后某一天产生黑天鹅事件。为此，塔勒布提出了"利益攸关原则"来对抗这些不对称性引起的黑天鹅事件。根据这三种不对称性风险，具体解决措施分别如下。

第一种：对抗由于信息的不对称引起的风险，主要的方法是让产品或服务的提供者的利益同客户使用该产品或服务带来的后果相关。譬如，前面提到的房屋的设计和建造者自己要购买这些住宅，或者要对住户因房屋设计和建造问题带来的不良后果承担民事和刑事责任。设计和销售金融产品公司的负责人和设计者自己要购买这些产品，或者要对客户因购买这些产品带来的不良后果承担相应的民事和刑事责任。美容机构的负责人自己也用这些方式美容，或者对客户因美容带来的不良后果承担相应的民事和刑事责任。

第二种：对抗由于权利和责任的不对称引起的风险，主要的方法是让有权利和施加影响的主体去承担被影响者出现负面问题的责任。譬如，干涉别国内政的当权者要在这些被干涉的国家居住，或者对被干涉国家民众因干涉带来的苦难承担相应的法律责任和受到惩处。提供咨询服务的公司要持有接受咨询的客户公司的股票，或者对客户公司因接受咨询而带来的不良后果承担相应的民事和刑事责任。

第三种：对抗人数的不对称（或者少数派主导的不对称）引起的风险，主要的方法是建立公平的社会机制，无论是多数人还是少数人都会得到平等的权益保障。譬如，聊天的语言可以有多种；安排餐食可以兼顾大家的口味、提供各种类型的食品；在不影响公共机构正常运行的前提下，尽量让所有人都能够享受自己应有的权利。

塔勒布认为，非对称性风险的背后是影响人类社会极其重要的公正问题，这是影响人类社会发展的根本问题之一。只有避免非对称性风险，才能减少社会矛盾，促进人类社会不断向着更好的方向发展和进步。

实践练习

读完本章以后，建议你根据自己目前在组织中所从事的工作，思考下面的提问，在回答的过程中可以参考相关的提示。

一、动态兼顾

1. 如果让你开展提升学习方面的工作，你会采取哪些具体的方案和行动，来提高在目前职位上的工作成效？

提示：学习方面的工作包括从外部学习和从内部学习，从外部学习包括交流法和解读法，从内部学习包括体验法和反思法。交流法是指领导者通过和那些知识和经验比自身丰富的人进行交流来学习。解读法是指读书，特别是读经典书籍。体验法是指领导者通过"历练"和"磨炼"来学习。反思法是指从过去的经验中总结规律，并应用于新的实践中。

2. 如果让你开展提升创新方面的工作，你会采取哪些具体的方案和行动，来提高在目前职位上的工作成效？

提示：创新方面的工作包括试验式创新和想象式创新。试验式创新是指对一个新的问题进行第一次尝试的时候，从局部出发，采用"摸着石头过河"的方式来解决问题。想象式创新是指面对一个全新的问题时，由于时间和资源等限制无法进行试验，可以通过大胆想象未来可能遇到的各种情境，准备相应的预案，一旦今后出现预想内的情况，就可以成功运用提前准备好的预案来解决问题。

3. 请思考在工作中如果同时兼顾学习和创新方面的工作，你会如何进行选择和优化？

提示：你的时间和资源是有限的，在兼顾学习和创新方面，要根据事情的轻重缓急选择学习和创新方面最合适的事情的组合。

二、动态切换

请思考你在目前的岗位上的工作状况，你目前的工作是更偏学习还是更偏创新？你认为你目前的工作重点是否需要改变？要么是从当前偏学习转向今后偏创新的工作，要么是从当前偏创新转向今后偏学习的工作。

提示：你需要根据组织发展的需要和职位的现状不断对学习和创新方面的工作进行动态调整和切换。切换的依据是要对学习和创新方面的事情进行优先级的识别和排序。

三、动态转换

1. 你的组织中的学习（从外部学习、从内部学习等）是否可以有效地促进创新（试验式创新、想象式创新等）的发展？你可以采取哪些具体的措施和行动来使学习转换成创新？

提示：学习转换成创新的方法包括：通过学习得到的知识和经验，更好地了解过去和现在的工作进展和成果，据此划出边界——前人已做的工作都在边界之内，未做的工作都在边界之外，从而知道未来创新的方向和目标。学习掌握的知识和技能也有利于将创新的目标变为现实。

2. 你的组织中的创新（试验式创新、想象式创新等）是否可以有效地促进学习（从外部学习、从内部学习等）的发展？你可以采取哪些具体的措施和行动来使创新转换成学习？

提示：创新转换成学习的方法包括：创新的动机促进学习行为的产生，通过学习充分了解过去和现在的情况、弄清尚未解决的问题后，才能进行创新和突破。

第 5 章

三箭齐发，达六知境界

5.1　层维动综合的领导原则

　　第二章阐述了基于层次的时空领导力，提出了层次兼顾、层次切换、层次转换的领导原则和方法；第三章阐述了基于维度的时空领导力，提出了维度兼顾、维度切换、维度转换的领导原则和方法；第四章阐述了基于动态的时空领导力，提出了动态兼顾、动态切换、动态转换的领导原则和方法。本章在前面三章的基础上进行整合，提出了基于层维动综合分析的时空领导力，围绕"三兼顾""三切换"和"三转换"提出下面相应的领导原则和方法[①]。

　　为了全面系统地认识和分析组织，领导者要努力兼顾时空系统的各个方面。

　　根据层次兼顾思维，领导者既要注重组织在微观层面存在的问题，关注关键的细小问题或个体的影响，又要拥有足够宏观的眼界和思维高度，超越组织本身认识和分析组织，即建立层次兼顾的思维方式和行动方法来认识和分析组织。

　　根据维度兼顾思维，领导者既要重视软实力，善于管理目

---

① 　陈国权. 领导和管理的时空理论——层维动综合分析模型 [J]. 技术经济，2018，37(11)：37-48+85.

标和方法、利益和权力、信仰和价值观等，又要关注硬实力的获取和积累，搭建能够支持组织健康发展的人、财、物等基础实力，即建立维度兼顾的思维方式和行动方法来认识和分析组织。

根据动态兼顾思维，领导者既要重视学习，认清如何将过去的经验应用于解决未来的类似问题，又要重视创新，依靠试验和想象来持续不断地解决全新的问题，即建立学习和创新兼顾的思维方式和行动方法来认识和分析组织。

因此，提出下面"三兼顾"的领导原则。

"三兼顾"的领导原则：领导者要以时空思维为总体框架，努力兼顾微观和宏观、兼顾软实力和硬实力、兼顾学习和创新，即做到层次上、维度上和动态上的"三兼顾"。

根据层次切换思维，领导者要在不同的时间和空间上有明确定位，根据实际需要给予个体、群体和组织等不同层次上的问题以不同程度的关注，建立在多层次间切换的思维和方法。

根据维度切换思维，领导者要认清现阶段关注的重点，明确组织系统的不同维度对组织发展所能发挥的不同推动作用，根据组织的实际情况，在有些情况下侧重软实力的发展，在有些情况下侧重硬实力的积累，建立在多维度间切换的思维和方法。

根据动态切换思维，领导者要建立学习和创新"两条轨道"，即明确什么时候更多地在学习的轨道，什么时候更多地在创新的轨道，建立在学习和创新间切换的思维和方法。

因此，提出下面"三切换"的领导原则。

"三切换"的领导原则：领导者要以时空思维为总体框架，根据组织发展的实际情况，做好在微观和宏观之间的切换、软实力和硬实力之间的切换、学习和创新之间的切换，即做到层次上、维度上和动态上的"三切换"。

根据层次转换思维，组织中存在自上而下的"瀑布效应"（fall effect，也可以称为"动脉循环效应"，即 arterial circulation effect），组织宏观层面的因素能够以直接和间接方式对较低层次的主体产生影响，有助于组织上下达成一致。同时，组织中还存在自下而上的"涌泉效应"（spring effect，也可以称为"静脉循环效应"，venous circulation effect）。其中，关键个体或存在于低层次的知识和经验也会不断地向上涌现，最终影响组织整体。因此，领导者要学会在不同层次间进行转换，即做到"上下相推"。

根据维度转换思维，组织内的软实力包括目标和方法、利益和权力、信仰和价值观等方面，硬实力包括人力、财力和物力等资源。优质的组织硬实力能为软实力的发展提供良好的土壤和平台，良好的软实力则能帮助组织源源不断地获取硬实力。因此，领导者要学会在不同维度之间进行转换，即做到"左右相生"。

根据动态转换思维，学习（在时间轴上向过去看）和创新（在时间轴上向未来看）相互作用，学习过往经验有助于为创新打下基础，创新目标有助于推动学习的开展。因此，领导者要学会在学习和创新之间进行转换，即做到"前后相随"。

一个组织中同时出现"上下相推""左右相生"和"前后相随"的理想情况，即"三相景象"，有利于组织的健康发展。

因此，提出下面"三转换"的领导原则。

"三转换"的领导原则：领导者要以时空思维为总体框架，善于在微观和宏观之间进行转换，在软实力和硬实力之间进行转换，在学习和创新之间进行转换，即做到在层次上、维度上、动态上的"三转换"，也就是在组织内部形成"上下相推""左右相生"和"前后相随"共现的"三相景象"。

5.2　层维动综合的领导方法

层维动综合分析模型提出，领导者要同时在层次上、维度上、动态上做到"兼顾""切换"和"转换"。本部分基于该模型的主要理论命题，结合对几家公司的案例研究，提出具有"层维动"思想的具体实施途径和方法原则。

5.2.1 "三兼顾"的领导方法

"三兼顾"的领导方法：领导者在认识、分析、处理和解决各类问题时，要在观念上注重组织微观和宏观之间、软实力和硬实力之间、学习和创新之间的兼顾，通过制定相应的组织制度和流程，将"三兼顾"的思维付诸实践。

下面通过曾国藩阐述领导者"三兼顾"的实例。曾国藩是我国近代史上有影响的政治人物，尽管他是个备受争议的人，世人对他的评价褒贬不一，但在有些方面，他值得我们学习。

曾国藩是晚清重要的中兴大臣之一，他在处理国家的内政外交事务方面做了很多工作。对内，他兴办团练，创建湘军，平定太平天国，维护了朝廷的统治。对外，他开启了洋务运动，在鸦片战争后推动了派遣幼童赴美留学之事，并创建工厂等，为推动科技的发展做出了贡献。

除了治理国家大事（治国），曾国藩在齐家方面也做了很多工作。他整理了家史，制定了家训，撰写了很多家书。譬如他在家书中写道："凡人做一事，便须全副精神注在此一事，首尾不懈，不可见异思迁，做这样，想那样，坐这山，望那山。人而无恒，终身一无所成。"对亲朋好友的人生发展和教育都起到了很重要的作用。曾氏家族在后来的两百年间，人才辈出，这和他留下的《曾氏家训》是分不开的。在修身方面，曾国藩是个非常严于律己的人，每日必静坐三刻，反思自己，著有《挺经》一书，对自己的工作、学习、生活、作息等各个方面都提出了严格的要求。他勤俭节约，留下十六字箴言："家俭则兴，人勤则健；能勤能俭，永不贫贱。"他还著有《冰鉴》一书，总结了自己看人识人方面的经验。"邪正看眼鼻，真假看嘴唇，功名看气概，富贵看精神，主意看指爪，风波看脚筋，若要看条理，全在语言中。"在看人识人方面，曾国藩从人的骨相、气色、行为举止等微观方面进行观察。总之，曾国藩是一个层次兼顾（知微知彰），在修身、齐家、治国方面都兼顾的典范。

曾国藩还是一个知柔知刚的人。曾国藩在处理国家事务上，一方面有鲜明的中国传统文化的价值观，强调对朝廷的忠诚，维护国家的稳定和统一。他做事有自己的方式方法，并用自己的信念和价值观影响下属。同时，他也强调硬实力的发展，大力兴办团练，创建湘军，筹集军饷，购买先进武器，在人、财、物上大力发展，最后终于成功平定了太平天国运动。因此，曾国藩是维度兼顾（知柔知刚），在软实力和硬实力方面都兼顾的人。

　　曾国藩天生并不是很聪明的人，他考了七次才考上秀才。曾国藩说："天下之至拙，能胜天下之至巧"，他是靠勤奋努力增长了自己的才干和知识。关于读书，他说："余性鲁钝，他人目下二三行，余或疾读不能终一行。他人顷刻立办者，余或沉吟数时不能了。"他强调集中精力，一本书没有读完，绝不开启另外一本。他在读陈继儒的《小窗幽记》①时学习引用其名言"轻财足以聚人，律己足以服人，量宽足以得人，身先足以率人。"这使他能够在自己麾下聚集一大批个性不同、能力各异的人才，包括李鸿章、左宗棠等人。他也向身边的好友学习，譬如唐鉴，从他人那里学习为人处世之道。曾国藩也善于从自己过去的经验中学习。他年轻时个性直率，在职场上直言不讳。在任大学士期间，曾国藩针对当时的流弊上书皇上，由于过于刚直，惹怒皇上，差点遭到处罚。他在湖南创建湘军的初期，也在当地的人际交往中屡屡碰壁。他也曾经浮躁，并有一些不良嗜好。在初期和太平军交手的时候，他也经常失败。好在曾国藩很善于总结经验和反思自己，后来在为人处世上收敛锋芒，变得更加圆润，左右逢源。在生活等方面，他严于自律，形成了严格的生活习惯。在作战方面，他也不断积累经验，提高指挥水平，不断取得胜利，后来平定了太平天国运动。同时，他也从前人的经验中学习到了功成身退的思想，自剪羽翼，解散湘军，保留了忠臣之名。

　　除了从外部和内部的知识和经验中学习，曾国藩也很善于创新。譬如，他在管理自己方面，创作了《挺经》；在识人用人方面，创作了《冰鉴》，建立了一整套识人用人的体系，反映了他在识人用人方面的创造性工作。除了学习历史做一个忠臣之外，他也开创了向西方学习科技的先河，体现了他开放的治国思想。因此，曾国藩是一个动态兼顾（知常知变）的人。

---

① 陈继儒.小窗幽记：中华经典藏书 [M].成敏，译注.北京：中华书局，2016.

5.2.2 "三切换"的领导方法

"三切换"的领导方法：领导者要不断优化思路、改变行动惯性，在特定的时间和空间环境下，尤其在资源有限的条件下，在微观和宏观之间、软实力和硬实力之间、学习和创新之间进行切换，即在有些情况下集中精力解决微观问题，在有些情况下强调解决宏观问题，在有些情况下集中精力解决软实力问题，在有些情况下强调解决硬实力问题，在有些情况下集中精力学习，在有些情况下强调创新，并通过制定相应的组织制度和流程，将这种"三切换"的思维付诸实践。

下面通过范蠡的经历阐述领导者"三切换"的实例。范蠡是我国春秋时期重要的政治人物和商人，他在历史上的主要事迹是帮助越王勾践复国，然后功成身退，在商业活动中取得了很大的成就。由于具有一套行之有效的商业思想和兼济大众的价值观，范蠡三次发财，又三次散财，被后人誉为"商圣"。范蠡是我国历史上少有的从政和从商都特别成功的人，他的事迹在司马迁的《史记·货殖列传》中有记载。

范蠡在年轻的时候很善于学习，他曾拜计然为师。传说计然是老子的学生。范蠡从计然那里学习了"计然之策"，其主要内容是从经济视角出发的治国策略。根据《史记·货殖列传》的记载，计然之策包括七策。

《史记·货殖列传》[①]

原文：

"知斗则修备，时用则知物，二者形则万货之情可得而观已。故岁在金，穰；水，毁；木，饥；火，旱。旱则资舟，水则资车，物之理也。六岁穰，六岁旱，十二岁一大饥。夫粜，二十病农，九十病末。末病则财不出，农病则草不辟矣。上不过八十，下

---

① 司马迁. 史记（精注全译）（套装共6册）[M]. 李瀚文，主编. 北京：北京联合出版公司，2016.

不减三十，则农末俱利，平粜齐物，关市不乏，治国之道也。积著之理，务完物，无息币。以物相贸，易腐败而食之货勿留，无敢居贵。论其有余不足，则知贵贱。贵上极则反贱，贱下极则反贵。贵出如粪土，贱取如珠玉。财币欲其行如流水。"

译文：

　　知道要战争，就要事先做好战备；只有了解了货物的生产时节和用途，才算是真正了解货物。时节和需要二者相对照，那么各种货物的供需情况就都能够掌握得十分清楚了。因此岁星行至金位的时候，国家就会五谷丰登；行至水位的时候，粮食就会歉收；行至木位的时候，就会发生饥荒；行至火位的时候，就会发生旱灾。干旱的时候就要储备舟船，洪水的时候就要储备车辆，这就是事物发展变化的规律。农业生产通常六年丰收，六年干旱，十二年就要发生一次大范围的饥荒。出售粮食，如果粮价每斗在二十钱，这就损害农民的利益；如果粮价每斗九十钱，就会损害商人的利益。如果商人利益受损，那么钱财就流通得不顺畅；如果农民利益受损，就不会再开垦土地。粮价每斗的价钱，向上不能高于八十钱，向下不能低于三十钱，这样农民和商人才能都获得利益。官府以平价出售粮食，控制物价，使关卡的税收和市场的供应能够源源不断，这就是治理国家的正道。至于积贮货物的常理，一定是要积贮那些完好无损适合久存的货物，以免资金周转不开。用货物和货物进行贸易，容易腐败和腐蚀的货物不要保留太长时间，不要囤居这样的货物以谋求高价。能够分析研究出哪种货物供过于求，哪种货物供不应求，就能掌握物价上涨与下跌的趋势。物价上涨到了极致就会归于低，物价下跌到了极点也一定会归于高。物价非常高的时候，将手中的货物如同像丢弃粪土一样立即抛出；物价低的时候，应该将低价买进的货物视为珍珠翡翠一样囤积。钱财就会像流水那样流通自如，周转灵活。

范蠡运用计然七策中的五策，十几年时间就让越国变得富有。然后越国用金钱招兵买马，士兵冲锋陷阵、非常勇猛，最终灭了吴国。范蠡帮助越王勾践复国之后，尽管勾践再三挽留，但他毅然远离政治，开创商业生涯。他认为，计然的思想既然可以用来治国，也可以用来治家。于是，他便改了名字到齐国做生意。他选择处于中心位置、交通发达的地方做商品贸易。十几年间，他多次发财，也多次散财，在民众心中具有很高的地位。他在教育子孙方面也颇有成绩，子孙也将他的商业事业发扬光大。

从上面的历史事例中可以看出，范蠡在开始时注重个人的成长，学习计然之策，用在帮助勾践复国上，后来又用在齐家上，因此他很好地进行了层次的切换。

范蠡先是通过学习积累丰富的治国方面的知识（软实力），然后在帮助勾践复国的过程中，将这些知识加以运用，使得越国经济（硬实力）得到了发展。后来他又重视将士的士气（软实力）的提升，将士勇敢的士气最后帮助越国战胜了吴国。因此，他很好地进行了软实力和硬实力之间的切换。

范蠡学习计然之策本是用在经济方面，使得国家强大，但是他后来重视创新，将经济周期的思想创造性地应用于政治上，在其政治地位最高的时候退出政坛（对应于货物在价格最高的时候卖出），从而使自己能够保全性命。这是他在周期思想上的创新之处。还有，他也创新性地使用计然之策于军事谋略中，他教勾践必须在吴王夫差面前隐忍，卧薪尝胆，以麻痹吴王，最后取得了胜利。总之，范蠡将计然之策从治国应用到齐家，从发展国家经济应用到发展家庭经济，从发展经济应用到政治和军事谋略，这是范蠡的创新之处。因此，范蠡先是学习，然后创新，很好地在不同的时候进行学习和创新，做到了动态切换。

5.2.3 "三转换"的领导方法

"三转换"的领导方法：领导者要善于促进组织内部微观因素和宏观因素的相互转换（"上下相推"）、软实力和硬实力的相互转换（"左右相生"）、学习和创新的相互转换（"前后相随"），产生"溢出效应"（spillover effect），并通过制定相应的组织制度和流程，将这种"三转换"的思维付诸实践，在组织内形成"三相景象"。

下面通过左宗棠的经历阐述领导者"三转换"的实例。左宗棠是我国近代有影响的政治人物和军事将领，被誉为晚清中兴名臣之一。他曾参与平定太平天国运动，开展洋务运动，镇压捻军，牵头收复新疆，历任闽浙总督、陕甘总督、两江总督、军机大臣等职务。在中法战争中，他自请赴福建督师抵抗。左宗棠在收复新疆、建设西北，筹划设立被后人评价为中国海军萌芽之始的福州船政局、加强东南海防，促成台湾建省等方面都做出了重大的贡献。左宗棠提出了"塞防与海防并重"的重要国防思想，在国家领土的统一和完整方面至今仍具有深远的影响。

左宗棠自幼深爱读书，从历史人物身上学习，自称为当时的诸葛亮。他从诸葛亮身上不仅学到了忠诚国家、鞠躬尽瘁的精神和情怀，同时也学习到了诸葛亮兼容并包的思想和智慧。譬如，诸葛亮在治理蜀国时强调恩威并施、宽严并济，因此得到后人撰写的"攻心联"对其的高度评价："能攻心则反侧自消，从古知兵非好战；不审势即宽严皆误，后来治蜀要深思。"左宗棠在思维方式上总是能做到兼容并包。譬如，他在收复新疆的军事方面，提出了"先北后南"和"缓进急战"的战略。"先北后南"是指先安定北疆，再进军南疆。"缓进急战"中的"缓进"是指积极治军、提高将士战斗力、加强后勤保障，"急战"就是在当时清朝国力不足、西北交通不便的背景下，战争要速战速决，力争尽快获胜收兵。另外，左宗棠当时在朝廷讨论边疆保护方案时，提出了"塞防与海防并重"的思想。"塞防"指的是对我国西北地区的防卫，"海防"指的是对我国东南沿海的防卫。"塞防与海防并重"的思想对保障国家领土安全方面具有重大的贡献。

左宗棠不仅向诸葛亮学习，也向我国抗倭名将戚继光学习。左宗棠提出要仿效戚继光的"束伍"之法编练军队。他不仅强调对将士进行作战能力和技术方面的训练，还强调对将士进行思想方面（孝悌忠信礼义廉耻）的训导，强调将士勤苦耐劳作风的培养。而且他自己能够以身作则，和将士同甘共苦，大大鼓舞了士气。

左宗棠在指挥作战时，特别强调要掌握全面的军事信息和情报、系统规划、前线的作战和后方的后勤保障并举。左宗棠注重授权，确立自己的主要任务是确定宏观的战略计划和策略，对战术提出建议，而把战役的指挥权和具体实施权交给前线将领负责，让前线将领充分施展才能。这一点和诸葛亮事必躬亲的方式还是有区别的。

左宗棠在收复新疆的过程中，在财政方面遇到很大的困难。在浙江平定太平军的过程中，他认识了商人胡雪岩。左宗棠为国效忠的理想和信念，以及带兵打仗的智慧和勇气深深地影响了胡雪岩，使胡雪岩愿意为其效力，想尽办法帮助他筹集军饷和物资，为他击败太平军、收复杭州、收复新疆等做出了重要的贡献。

左宗棠常年在外处理国家事务，他也将人生的实践转变为许多哲理名言。譬如："发上等愿，结中等缘，享下等福；择高处立，就平处坐，向宽处行""身无半亩，心忧天下；读破万卷，神交古人""穷困潦倒之时，不被人欺；飞黄腾达之日，不被人嫉""学业才识，不日进，则日退""奇书已聚五千卷，此墨足支三十年""读未见书，如得良友；读已见书，如逢故人""好便宜者，不可与之交财；多狐疑者，不可与之谋事""自奉宁过于俭，待人宁过于厚。一切均从简省，断不可浪用。此惜福之道，保家之道也"等等，这些话语深深地影响了其家人以及现在的企业家。有些企业家甚至将其哲理名言挂在办公室墙上，以警示自己做人做事的方式。

总之，左宗棠自幼好学，以诸葛亮和戚继光等作为学习对象。他将个人的学习上升到治军的策略和方法，是个人微观层次的行为转换为组织宏观层次行为的过程。同时，他的理想和信念、思维和格局能打动商人胡雪岩，从而帮助他筹集军饷和物资，是软实力转换为硬实力的过程。另外，他在学习前人领导方式的基础上，根据国家当时的状况进行创新。譬如，从对诸葛亮的了解中学习到为人处世的方式，到强调对下属授权、不事事亲力亲为，这是左宗棠的创新之处。在军事战略上，左宗棠将诸葛亮治理蜀国宽严并济的思想转化为军事上的"塞防与海防并重"和"缓进急战"

等思想，这也是他的创新之处。这些事例反映了左宗棠从学习到创新的动态转换。

延 伸 阅 读

1. 《大学》中关于人多层次发展的思想

《大学》①

原文：

物格而后知至；知至而后意诚；意诚而后心正；心正而后身修；身修而后家齐；家齐而后国治；国治而后天下平。

译文：

学习和研究事物的道理之后，认识才能明确；认识明确了，意念才能真诚；意念真诚了，心思才能端正；心思端正了，自身品德才能修养好；自身品德修养好了，家族才能整顿好；家族整顿好了，邦国才能治理好；邦国治理好了，天下才能太平。

2. 《道德经》中关于人多维度能力的思想

《道德经》②

原文：

居善地，心善渊，与善仁，言善信，正善治，事善能，动善时。

---

① 陈晓芬，徐儒宗，译注 . 论语·大学·中庸：中华经典名著全本全注全译丛书 [M]. 2 版 . 北京：中华书局，2015.
② 张景，张松辉，译注 . 道德经：中华经典名著全本全注全译丛书 [M]. 北京：中华书局，2021.

译文:

　　圣人像水那样:居于卑下之位,思想深邃难识,交往仁慈友爱,言语诚实无欺,为政善于治理,做事无所不能,行为择时而动。

3.《论语》中关于人进行学习的思想

《论语》为政篇①

原文:

　　子曰:"吾十有五而志于学,三十而立,四十而不惑,五十而知天命,六十而耳顺,七十而从心所欲,不逾矩。"

译文:

　　孔子说:"我十五岁有志于学习,三十岁能立身于世,四十岁对世事不再有疑惑,五十岁懂得什么是天命,六十岁对听到的一切都深明其义,七十岁可随心所欲,却不会违反规矩。"

《论语》里仁篇②

原文:

　　子曰:"见贤思齐焉,见不贤而内自省也。"

译文:

　　孔子说:"看见贤者,就想着向他看齐;看见不贤的人,就反省自己做得怎么样。"

① 陈晓芬,徐儒宗,译注.论语·大学·中庸:中华经典名著全本全注全译丛书[M].2版.北京:中华书局,2015.
② 陈晓芬,徐儒宗,译注.论语·大学·中庸:中华经典名著全本全注全译丛书[M].2版.北京:中华书局,2015.

4.《中庸》中关于人进行学习的思想

《中庸》①

原文：

　　博学之，审问之，慎思之，明辨之，笃行之。有弗学，学之弗能，弗措也；有弗问，问之弗知，弗措也；有弗思，思之弗得，弗措也；有弗辨，辨之弗明，弗措也；有弗行，行之弗笃，弗措也。人一能之，己百之；人十能之，己千之。果能此道矣，虽愚必明，虽柔必强。

译文：

　　广泛地学习，审慎地询问，慎重地思考，明确地辨析，切实地履行。除非不学习，学习了没有学会就决不放弃；除非不询问，询问了没有理解就决不放弃；除非不思考，思考了没有获得结果就决不放弃；除非不辨析，辨析了没有彻底明白就决不放弃；除非不履行，履行了没有切实做到就决不放弃。别人用一分功夫能做到的，自己就下一百分的功夫；别人用十分功夫能做到的，自己就下一千分的功夫。如果真能用这样的毅力追求中庸之道，那么即使是愚笨的人，也一定会变得聪明起来；即使是懦弱的人，也一定会变得刚强起来。

5.《大学》中关于人进行创新的思想

《大学》①

原文：

　　大学之道，在明明德，在亲民，在止于至善。

---

① 陈晓芬，徐儒宗，译注. 论语·大学·中庸：中华经典名著全本全注全译丛书 [M]. 2 版. 北京：中华书局，2015.

译文：

　　大学里所讲的圣王之道，在于发扬人心固有的光明的德性，在于革新人们的不良习俗，在于使人们达到最完善的道德境界。

《大学》①

原文：

　　汤之《盘铭》曰："苟日新，日日新，又日新。"《康诰》曰："作新民。"《诗》曰："周虽旧邦，其命惟新。"是故，君子无所不用其极。

译文：

　　商汤在沐浴用的铜盘上镂刻的铭辞说："如果一天能够洗涤自身的污垢，从而焕然一新，那么就该天天这样清洗，天天有新的面貌，并应持之以恒，从不间断，一天又一天地加以清洗，便能永远出现新的面貌。"《尚书·康诰》篇说："做国君的就该引导人民振作起来，除恶从善，改过自新。"《诗经·大雅·文王》篇说："周朝虽然是一个古老的诸侯国，但是它所秉承的天命却在于不断地自我更新。"所以说，作为国君，无论何时何地，都要尽一切努力去追求引导人民自我更新，以达到"至善"的最高境界。

　　（笔者对原著的译文进行了少量的修改）

---

① 陈晓芬，徐儒宗，译注．论语·大学·中庸：中华经典名著全本全注全译丛书 [M]．2 版．北京：中华书局，2015

实践练习

读完本章以后，建议你根据自己目前在组织中所处的位置和所从事的工作，思考下面的提问，在回答的过程中可以参考相关的提示。

一、三兼顾

1. 如果让你同时兼顾宏观和微观方面的工作，你会采取哪些具体的方案和行动，来提高在目前职位上的工作成效？

如果让你同时兼顾软实力和硬实力方面的工作，你会采取哪些具体的方案和行动，来提高在目前职位上的工作成效？

如果让你同时兼顾学习和创新方面的工作，你会采取哪些具体的方案和行动，来提高在目前职位上的工作成效？

2. 请思考在工作中如果同时兼顾宏观和微观层次、软实力和硬实力方面、学习和创新方面的工作，你会如何进行选择和优化？

提示：你的时间和资源是有限的，在兼顾宏观和微观、软实力和硬实力、学习和创新方面，要根据事情的轻重缓急选择这些方面中最合适的事情的组合。

二、三切换

请思考你在目前的岗位上的工作状况，你目前的工作是更偏宏观还是更偏微观？你认为你目前的工作重点是否需要改变？要么是从当前偏宏观转向今后偏微观的工作，要么是从当前偏微观转向今后偏宏观的工作。

你目前的工作是更偏软实力还是更偏硬实力？你认为你目前的工作重点是否需要改变？要么是从当前偏软实力转向今后偏硬实力的工作，要么是从当前偏硬实力转向今后偏软实力的工作。

你目前的工作是更偏学习还是更偏创新？你认为你目前的工作重点是否需要改变？要么是从当前偏学习转向今后偏创新的工作，要么是从当前偏创新转向今后偏学习的工作。

提示：你需要根据组织发展的需要和职位的现状不断对宏观和微观、

软实力和硬实力、学习和创新方面工作进行动态调整和切换。切换的依据是要对这些方面的事情进行优先级的识别和排序。

三、三转换

你的组织中宏观层次正确的政策、制度和文化等是否可以有效地向下影响到每个部门和个人，即"瀑布效应"如何？你可以采取哪些具体的措施和行动来加强"瀑布效应"？你的组织中微观层次个人或部门好的做法、经验、教训和知识是否可以有效地向上传递到更高的组织层次，形成组织层次可以为大家共同分享的做法、经验、教训和知识，即"涌泉效应"如何？你可以想出哪些具体的措施和行动来加强"涌泉效应"？

你的组织中的软实力（目标和方法系统、利益和权力系统、信仰和价值观系统等）是否可以有效地促进硬实力（人力系统、财力系统、物力系统等）的发展？你可以采取哪些具体的措施和行动来使软实力转换成硬实力？你的组织中的硬实力（人力系统、财力系统、物力系统等）是否可以有效地促进软实力（目标和方法系统、利益和权力系统、信仰和价值观系统等）的发展？你可以采取哪些具体的措施和行动来使硬实力转换成软实力？

你的组织中的学习（从外部学习、从内部学习等）是否可以有效地促进创新（试验式创新、想象式创新等）的发展？你可以采取哪些具体的措施和行动来使学习转换成创新？你的组织中的创新（试验式创新、想象式创新等）是否可以有效地促进学习（从外部学习、从内部学习等）的发展？你可以采取哪些具体的措施和行动来使创新转换成学习？

提示：你需要根据组织发展的需要和职位的现状不断对宏观和微观的层次转换、软实力和硬实力的维度转换、学习和创新的动态转换工作进行规划和安排。转换的依据是要对这些方面的事情进行优先级的识别和排序。

第 6 章

掌统筹之策，聚时空力量

6.1　时空互动的领导原则

本章将回到时空领导力理论最初的时空视角，从更为概括和抽象的视角，更为宏观地探讨领导者为了满足组织发展的实际需要，应如何实现更大跨度的"时空兼顾""时空切换"和"时空转换"。

这里需要说明的是，本章所讨论的"时间"视角，不仅包含了前面各章中提到的学习和创新这种动态变化的能力，而且还包含了这种学习和创新的能力发挥作用的时间窗口期的长度。因为，只有当组织的学习和创新的能力很强，而且这种学习和创新的能力产生作用的时间足够长，组织才会在时间上取得优势。

当然，本章所讨论的"空间"视角，依然和前面各章中所提出的多层次和多维度的实力相一致，具体表现为组织的软实力和硬实力。

组织及其所在的外部环境是由时间视角和空间视角共同组成的时空系统，为了更好地应对复杂变化环境带来的挑战和机遇，组织的领导者要做到"时空兼顾"，即不仅要从时间视角，动态地认识和分析组织，使自己有足够长的时间窗口期来发展，并开展学习和创新方面的活动；还要对存在于各个层次、各个维度的问题进行领导。这也意味着，领导者要努力树立时空观念，对组织及其所在环境的不同层次、不同维度和随时间发展变化的情况同时予以充分的重视。尽管领导者的注意力等资源是有限的，且组织实际可能无法具备充足的资源支撑两个视角的兼顾，但培养、树立这种全面系统的分析框架和领导理念对组织的健康发展非常重要。由此，领导者需要遵循下面的领导原则。

时空兼顾的领导原则：领导者要以时空思维为总体框架，在条件允许的情况下，努力做到时空兼顾。

实际上，组织在生命周期的各个阶段往往呈现出不同的发展特点，对应不同类型的战略目标，甚至也会在同一阶段面临复杂变化的主要矛盾，这就要求领导者在对组织时间和空间进行全局掌控的基础上，在实际工作的操作层面，有重点地、科学地在不同工作重心之间动态切换。这也回应了在一定的时空范围内，组织整体的资源禀赋有限，且领导者的注意力等资源同样有限的现实条件。这意味着领导者要在认识和行动层面，在空间上（宏观和微观等不同的层次、软实力和硬实力等不同的维度）和时间上（可以发展的时间窗口期的长度、学习和创新的能力等）有所侧重，这关系到组织的成长路径、发展速度和经营结果，也是对组织全局所进行的理性思考和行动。由此，领导者需要遵循下面的领导原则。

时空切换的领导原则：领导者要以时空思维为总体框架，根据组织发展的实际情况，实现时空切换。

由于不同组织发展的初始条件和资源禀赋各有不同，因此随着时间的推移，当内外部环境特征发生改变，组织需要针对实际发展需求进行战略重心和资源配置的调整。这时，如何将已有优势和原有经营管理重心转化为当前发展所需要的内容，进而形成优势，对组织提升效率、解决问题具有重要意义。因此，领导者要学会在恰当时机实现时空转换。

在讨论时空转换之前，先提出两个概念，分别是"基于时间视角的优势"和"基于空间视角的优势"。组织"基于时间视角的优势"是指从时间视角看组织所具有的优势，即动态优势，也就是组织可以用来发展的时间窗口期的长度以及学习和创新的能力方面具有的优势。这里的时间窗口期的长度取决于内部组织系统和外部环境两个方面。从内部组织系统来看，如果组织专注于核心业务，或行事低调，对于外部环境的"挑战"较小而使其他竞争者的"应战"也较小，则能够为组织赢得较长的时间窗口期；从外部环境来看，如果竞争者没有关注到组织及组织所从事的业务，或相关的竞争者较少以及竞争程度较低，则组织也会具有较长的时间窗口期。组织"基于空间视角的优势"是指从空间视角看组织所具有的优势，即层次和维度方面的优势，也就是组织在层次管理和维度管理方面的优势或者组织在各个层次具有的软实力和硬实力优势。

图 6-1 给出了这类转换的一个说明。其中，横轴代表"基于时间视角的优势"，在这个轴上得分较高意味着组织拥有的用来发展的时间窗口期较长，同时具有良好的学习和创新的能力，善于进行传承和变革；纵轴代表"基于空间视角的优势"，在纵轴上得分较高意味着组织在各个层次上都具有良好的软实力和硬实力，可能是具有良好的资源禀赋，如雄厚的人、财、物资源，也可能意味着组织已经建立了科学、完善的组织结构和业务流程，

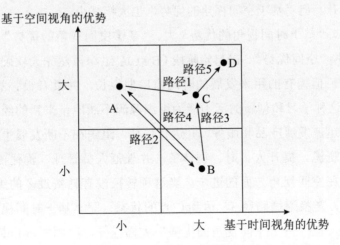

图 6-1　时空转换示意图

说明：横轴代表"基于时间视角的优势"，纵轴代表"基于空间视角的优势"，得分高表示"基于时间视角的优势"大或者"基于空间视角的优势"大。箭头代表可能的转换路径。实心圆点表示组织在"基于时间视角的优势"和"基于空间视角的优势"上所对应的水平。

或领导者有一定的"先见之明"，为组织制定了具有长久生命力的目标战略，拥有广阔的市场前景等。图中箭头列举了几种可能的转换路径，实心圆点表示组织在时间视角和空间视角所对应的条件和水平。

第一，"基于时间视角的优势"小、"基于空间视角的优势"大：用"空间优势"换"时间优势"。在起始阶段（A点），组织可能拥有良好的资源禀赋或拥有先进的组织结构和设计，但时间较为紧迫，学习和创新能力相对较弱，这种先天条件能够支撑组织发展一定时间，但当发展到一定阶段后，组织内外部环境对组织进行传承和变革提出更高的要求，这时，领导者可能会支付更多的费用来提升组织内部员工的学习和创新能力，并采取相关的措施来延长学习和创新能力发挥作用的时间（即时间窗口期），或购买其他组织先进的成熟经验，来弥补自身在这方面的缺失，此时，"空间优势"向"时间优势"发生转换。当这种转换没有耗费过多的组织初始优势资源时，转换遵循路径1，达到C点的状态，即"基于空间视角的优势"稍有降低，但"基于时间视角的优势"大幅提升；当这种转换耗费了过多的组织初始优势资源时，转换遵循路径2，达到B点的状态，即"基于时间视角的优势"虽大幅提升，但"基于空间视角的优势"也大幅减少。

第二，"基于时间视角的优势"大、"基于空间视角的优势"小：用"时间优势"换"空间优势"。在起始阶段（B点），组织虽然先天软硬实力较弱，起点较低，但拥有的用来发展的时间窗口期很长，并具有很强的学习和创新能力，这种学习和创新的活力能为组织源源不断地带来新的经验和技术，帮助组织迅速发展产品和服务，并进行迭代。组织在不断发展中扩大规模，持续积累资源，提升人、财、物储备，并规范人员管理、优化内部结构设计，实现在空间视角方面的进步。当这种转换没有耗费过多的组织初始优势资源时，转换遵循路径3，达到C点的状态，即"基于时间视角的优势"稍有降低，但"基于空间视角的优势"大幅提升，组织发展日趋完善；当这种转换耗费了过多的组织初始优势资源时，转换遵循路径4，达到A点的状态，即"基于空间视角的优势"虽大幅提升，但"基于时间视角的优势"也大幅减少。

第三，"基于时间视角的优势"大、"基于空间视角的优势"大："时间优势"和"空间优势"互换。在起始阶段（C点），组织已经同时具备较好的"时间优势"和"空间优势"，为了应对内外部环境特征的变化，组织持续地在"时间优势"和"空间优势"之间进行转换，根据实际发展需求进行战略重心和资源配置的调整，最终不仅帮助组织积累了"基于空间视角的优势"，也锻炼、提升了学习和创新能力，延长了学习和创新能力发挥作用的时间（即时间窗口期），即"基于时间视角的优势"，达到了D点的状态，组织更趋完善。

综上，领导者需要遵循下面的领导原则。

时空转换的领导原则：领导者要以时空思维为总体框架，妥善地进行时空转换。

6.2　时空互动的领导方法

本节将基于前文的理论命题，提出领导者基于时空互动思维、实现"时空兼顾""时空切换"和"时空转换"的实践方法，以及主要体现出的三个实践原则。

6.2.1　时空兼顾的领导方法

时空兼顾的领导方法：领导者在认识、分析、处理和解决各类组织问题时，要树立全面、系统的时空兼顾观念，并通过制定相应的组织制度和流程，尽可能地将这种"时空兼顾"思维付诸实践。

当今，在中国共产党领导下，我们正走在中华民族伟大复兴的道路上。国家在各方面的建设都取得了很好的发展。

在软实力维度中的目标和方法方面，我们拥有中华民族伟大复兴的"中国梦"、建设中国特色社会主义的道路，这些对国家的发展有着重要的指导作用。在利益和权力方面，我们强调共同富裕、重视利益的合理分配，激励努力奋斗的人们。在信仰和价值观方面，我们有社会主义核心价值观，重视继承和发扬优秀的传统文化，强调文化自信。在硬实力维度中的人力方面，根据人口普查结果，中国拥有十多亿人口，而且正在努力调整人口政策来影响人口数量和人口结构。此外，国家正在努力改进教育政策，通过全面普及义务教育、努力发展高等教育等举措来提高人口素质。在财力方面，中国采取有效的政策促进经济快速和高质量增长。在物力方面，我们已经建立了较为完善的交通基础设施，例如高铁、公路、航空、水运等，在航空航天、生物科技、互联网技术、人工智能等方面也取得了举世瞩目的成就。

尽管中国在软实力和硬实力方面都具备了较强的实力，但我们仍然强调保持危机意识，强调自我反思、自我批评、自我革命，以史为鉴、从历史中学习。大家知道，中国的国歌中有句词是"中华民族到了最危险的时候"。在当今的和平年代我们依然沿用这样的歌词，就是提醒我们每一个中国人要始终保持清醒的头脑和危机意识。我国始终强调改革开放，从世界文明中学习经验和教训，同时也强调自主创新。从中国成功爆炸第一颗原子弹、第一颗氢弹、成功发射第一颗人造地球卫星，到天宫空间站的发射、蛟龙号载人潜水器的下潜，都是创新能力的不断提高而取得的成果。学习和创新能力的发展是我们一直坚持的。

除此之外，中国一向奉行独立自主的和平外交政策，积极同世界各国建立友好合作的关系，这为中国乃至世界各国的发展创造了稳定的外部环境，从而为中国的和平发展赢得了时间。

综上所述，中国共产党在领导全国人民走向民族复兴的伟大进程中，一直都兼顾时间（发展的时间长度和学习创新能力）和空间（国家的软实力和硬实力）的考虑。我们坚信，中华民族实现伟大复兴必将指日可待，并且还会为全人类的和平发展、为人类命运共同体的建设做出更大的贡献。

6.2.2　时空切换的领导方法

时空切换的领导方法：领导者要更加深入地优化思路、改变行动惯性，在特定的情况下，基于有限的资源条件，对时间视角下的问题和空间视角下的问题的重要性和紧迫性加以区分和排序，对工作重心加以切换。即在有些情况下强调解决时间视角下的问题，在有些情况下重点解决空间视角下的问题，并通过制定相应组织制度和流程，尽可能地将这种"时空切换"思维付诸实践。

领导者在带领企业发展的过程中，需要很好地把握发展和竞争的节奏，适时地进行时空切换。时空切换方面有两个重要的法则：企业"发展的三部曲"和"竞争的三部曲"。

首先，领导者需要掌握企业"发展的三部曲"。

从自身发展来看，企业在不同的阶段会在时间和空间上各有侧重。譬如，企业在自身发展的初期，要努力获得长时间发展的机会和快速的学习能力，因此需要"悄悄地"开展经营活动，以免引起竞争对手的注意。接着发展到一定程度时，就要注意站稳脚跟，步步为营，巩固地位，"稳稳地"在软实力和硬实力方面全面提高竞争优势。然后在后面进一步的发展过程中，需要"妥妥地"采取各种有效的措施，譬如需要克服大企业病、防止大企业和年龄长带来的企业僵化、固化的通病，积极地开展自我批评和自我革命，尽量做到不犯或少犯错误，努力开展学习和创新，以求得可持续发展。由此，笔者总结出企业发展的三部曲——"悄悄地""稳稳地""妥妥地"。企业遵循这样的三部曲，就更有可能在发展中建立优势。

然后，领导者需要掌握企业"竞争的三部曲"。

企业在发展的过程中，难免会同其他组织产生竞争。从企业之间的竞争策略来看，企业在不同的竞争状况下会在时间和空间上有不同的侧重。领导者在考虑竞争策略时，可以有如下的做法。譬如，一个组织在初期实力弱，因此会"弱弱地"处理竞争问题，采取融入（跟大家一样、获得合法性）和柔和（不刺激周围、获得发展许可）的策略，来争取更长的发展和成长的时间。

在竞争的情况下，往往会采用"缓兵之计"来和对方保持和平的关系。但是，当实力发展到一定的阶段，领导者会"猛猛地"应对竞争，组织会采取措施，大力地发展自己的软实力和硬实力，譬如建立自己独特的目标和方法系统、利益和权力系统、信仰和价值观系统，以及人力系统、财力系统和物力系统，在争夺市场、客户等方面开始更为激进，甚至不惜采用更为针锋相对的策略。如果实力发展到可以碾压对方的程度，领导者可以"狠狠地"开展竞争，企业可以采取极其凶猛的方式来和对方竞争，不给对方喘息的机会，譬如在价格战中通过大量的资金投入使对方败下阵来，从而赢得竞争的胜利。从这个过程中可以看出来，企业在一开始是重视时间方面的竞争（采用缓兵之计，获得长时间的机会、不断学习和创新），然后重视空间方面实力的增强（组织软实力和硬实力的发展），在后期重视时间方面的竞争（速战速决、乘胜追击，不给对方发展的时间、瘫痪对方的学习和创新系统）。总之，如果领导者能够遵循上述企业竞争的三部曲——"弱弱地""猛猛地""狠狠地"，就更有可能在竞争中取得胜利。

6.2.3 时空转换的领导方法

时空转换的领导方法：领导者要善于促进组织内部发生有机互动和循环，根据组织发展的内外部特征，针对处于优势地位和劣势地位的资源禀赋，学会战略性地在恰当的时机，实现时间视角和空间视角的转换。即在有些时空环境下将"基于空间视角的优势"转换成"基于时间视角的优势"，在有些时空环境下将"基于时间视角的优势"转换成"基于空间视角的优势"，在有些时空环境下实现更好的"基于时间视角的优势"和"基于空间视角的优势"。并通过制定相应组织制度和流程，尽可能地将这种"时空转换"思维付诸实践。

毛泽东在领导我军进行解放战争期间，很好地运用了时空转换的策略。在解放战争期间的1947年3月，蒋介石下令国民党军队对中共中央所在地延安进行袭击。那个时候，国民党军队和共产党军队在陕北的力量对比悬殊。国民党军队的总兵力有几十万人，而且作战武器更为先进，还拥有强大的空军，拥有近百架飞机，而共产党军队当时在陕北的总兵力约几万人，武器装备也和对方相差很远。这个时候，延安的情况十分危急。

在这个关键时刻，毛泽东做出了暂时撤离延安以保住有生力量和国民党军队进行斗争的决策。毛泽东提出了"存人失地，人地皆存；存地失人，人地皆失"的著名论断。毛泽东给我军将士做思想工作时提出，作战不要在乎一城一地的得失，只有保存我军的有生力量，才能取得战争的胜利，要以一个延安来换取全中国，延安最后也会回到人民的手中。然后，党中央和毛泽东在中央警备团的保护下先后撤离了延安，给国民党军队留下了一座空城。而我方保存了有生力量，赢得了发展的时间。在随后的几年中，日益壮大的共产党军队击垮了国民党军队，赢得了解放战争的胜利。毛泽东领导全国人民建立了新中国，延安也成了中国革命的圣地，成为当今我们坚定信仰、获取智慧和吸取力量的地方。

延 伸 阅 读

1.《大学》论述财富创造中关于时空兼顾的观点

在《大学》中，关于创造财富（赚钱的人多、花钱的人少；赚钱速度快、花钱速度慢）有如下相关的论述。

> **《大学》**[①]
>
> **原文：**
>
> 　　生财有大道：生之者众，食之者寡；为之者疾，用之者舒，则财恒足矣。

[①] 陈晓芬，徐儒宗，译注. 论语·大学·中庸：中华经典名著全本全注全译丛书[M]. 2版. 北京：中华书局，2015.

译文：

　　创造财富有一条重要的原则：生产财富的人要多，消耗财富的人要少；获取财富的人要勤快，使用财富的人要缓慢。这样，财富便会长久地保持充裕了。

　　（笔者对原著的译文进行了少量的修改）

2.《孙子兵法》论述形成势的原理中关于时空兼顾的观点

　　在《孙子兵法》（势篇）中，关于形成势的原理（力度大、时间短）有如下相关的论述。

《孙子兵法》（势篇）①

原文：

　　激水之疾，至于漂石者，势也；鸷鸟之疾，至于毁折者，节也。是故善战者，其势险，其节短。势如彍弩，节如发机。

译文：

　　湍急的河水快速流动，产生的作用力使河床上的石头漂浮起来所形成的态势，这就是"势"的含义；猛禽在较短距离内突然加速发起进攻，捕获到了猎物，这就是"节"的含义。所以善于指挥作战的将帅，所造成的态势是险峻有力的，向敌人发起进攻的距离是较短的。势就像弓弩拉满后的状态，节就像在较短距离内瞄准敌人触发弩机。

---

① 陈曦，译注．孙子兵法：中华经典名著全本全注全译丛书 [M].北京：中华书局，2011.

实 践 练 习

读完本章以后，建议你根据自己目前在组织中所处的位置和所从事的工作，思考下面的提问，在回答的过程中可以参考相关的提示。

一、时空兼顾

1. 你在现在的岗位上，从时间视角出发，可以做哪些工作，来提升组织的时间优势？

提示：从时间视角出发，你可以做的工作包括：采取措施提升组织学习能力和创新能力的强度，并且尽量延长学习能力和创新能力能发挥作用的时间长度。这样，高强度的学习能力和创新能力以及二者发挥作用的时间长度就会使组织提升时间优势。

2. 你在现在的岗位上，从空间视角出发，可以做哪些工作，来提升组织的空间优势？

提示：从空间视角出发，你可以做的工作包括：提升组织的软实力（目标和方法系统、利益和权力系统、信仰和价值观系统等)和硬实力(人力系统、财力系统、物力系统）。

3. 请思考在工作中如果同时兼顾时间优势和空间优势，你会如何选择和优化？

提示：你的时间和资源是有限的，在兼顾时间优势和空间优势方面，要根据事情的轻重缓急选择在时间视角和空间视角方面最合适的事情的组合。

二、时空切换

你目前的工作是更偏时间视角还是更偏空间视角？你认为你目前的工作重点是否需要改变？要么是从当前偏时间视角转向今后偏空间视角的工作，要么是从当前偏空间视角转向今后偏时间视角的工作。

提示：你需要根据组织发展的需要和职位的现状不断对提升时间优势和提升空间优势的工作进行动态调整和切换。切换的依据是要对这些方面的事情进行优先级的识别和排序。

三、时空转换

1. 你的组织中的时间优势（组织学习能力和创新能力的强度、学习能力和创新能力能发挥作用的时间长度等）是否可以有效地促进空间优势（软实力、硬实力等）的发展？你可以采取哪些具体的措施和行动来使时间优势转换成空间优势？

提示：时间优势转换成空间优势的方法包括：同各外部利益相关方建立良好的关系、为组织的发展创造和谐的环境，这样就为组织的发展争取了更长的时间。同时，不断开展学习和创新的活动，提高学习和创新的能力。这样，长时间的学习和创新就会推动组织软实力和硬实力的发展。从而，时间优势就会转换成空间优势。

2. 你的组织中的空间优势（软实力、硬实力等）是否可以有效地促进时间优势（组织学习能力和创新能力的强度、学习能力和创新能力能发挥作用的时间长度等）的发展？你可以采取哪些具体的措施和行动来使空间优势转换成时间优势？

提示：空间优势转换成时间优势的方法包括：组织充分发挥其软实力和硬实力的作用，在这两种实力的保护和支持下，组织可以抵挡来自外部的挑战和竞争，赢得更长的发展时间。同时，这些实力可以用于学习能力和创新能力的发展。这样就可以使组织延长发展的时间长度，提升学习能力和创新能力的强度。从而，空间优势就会转换成时间优势。

第 7 章

行竞争之法，成胜利之师

前面各章主要是在阐述领导者应该如何加强组织自身的建设来提升组织的能力和成效。然而，组织处在环境之中，组织和外部的竞争有时候是不可避免的。因此，带领组织在和外部的竞争中获胜，是领导者的重要任务。时空领导力理论提出，领导者可以从时间视角和空间视角（包括空间层次和空间维度）来认识、分析和解决问题。因此，下面将基于时空领导力理论，提出领导者在组织和外部竞争互动的视角下应该具有的时空领导力。

7.1　竞争互动视角下的领导原则

7.1.1　基于空间视角的层次方面的领导原则

基于空间视角的层次方面，领导者可以采用两种领导策略来面对竞争，第一种是升层策略，第二种是降层策略。

所谓升层策略，是指领导者通过提升分析问题的层次来获得竞争的胜利。

升层策略的通俗名称是"走上层路线"。

譬如，《孙子兵法》中提出，在战争中有时站在更高的层次进行谋划是更好的策略。

《孙子兵法》（谋攻篇）①

原文：

故上兵伐谋，其次伐交，其次伐兵，其下攻城。攻城之法，为不得已。修橹轒辒，具器械，三月而后成；距闉，又三月而后已。将不胜其忿而蚁附之，杀士三分之一，而城不拔者，此攻之灾也。

译文：

最高级的军事手段是挫败敌人的谋略，其次是挫败敌人的外交，再次是挫败敌人的军队，最低级的是攻破敌人的城邑。采用攻打城邑的方法，是出于不得已。制造楼橹与轒辒，准备飞楼、云梯等攻城器械，需花费数月才能完成；堆积用以攻城的高出城墙的土山，又要花费数月才能完成。将领无法克制自己的愤懑情绪，驱赶着士兵像蚂蚁一样爬梯攻城，死去三分之一，城邑仍未攻下来，这就是攻城的灾害。

所谓降层策略，是指领导者通过降低分析问题的层次来获得竞争的胜利。

降层策略的通俗名称是"走下层路线"。

譬如，《孙子兵法》中提出，在战争中有时利用基层的个人可以取得很好的效果。

---

① 陈曦，译注.孙子兵法：中华经典名著全本全注全译丛书[M].北京：中华书局，2011.

《孙子兵法》（用间篇）①

原文：

昔殷之兴也，伊挚在夏；周之兴也，吕牙在殷。故惟明君贤将，能以上智为间者，必成大功。此兵之要，三军之所恃而动也。

译文：

从前商国的兴起，是因为伊尹曾在夏国做过间谍；周国的兴起，是因为吕尚曾在商国做过间谍。所以明智的君主和贤能的将领，能任用智慧超群的人当间谍，必定可以成就伟大的功业。这是用兵的关键，三军都要依靠他们提供的情报来部署军事行动。

还譬如，《大学》中提出，领导者治理国家和天下需要先修炼自身的品质和行为。

《大学》②

原文：

所谓治国必先齐其家者，其家不可教，而能教人者，无之。故君子不出家而成教于国：孝者，所以事君也；弟者，所以事长也；慈者，所以使众也。

《康诰》曰："如保赤子。"心诚求之，虽不中，不远矣。未有学养子而后嫁者也。

一家仁，一国兴仁；一家让，一国兴让；一人贪戾，一国作乱。其机如此。此谓一言偾事，一人定国。

---

① 陈曦，译注. 孙子兵法：中华经典名著全本全注全译丛书 [M]. 北京：中华书局，2011.
② 陈晓芬，徐儒宗，译注. 论语·大学·中庸：中华经典名著全本全注全译丛书 [M]. 2 版. 北京：中华书局，2015.

译文：

　　经文所说的治理好国家必须首先整治好自己的家族，这是因为，如果连自己家族中的人尚且不能教育好，反而能教育好别人，那是没有的事。所以，君子（只要把品德修养好了，家族也整治好了，）即使不出家门，也可以向全国人民成功地推行教化。因为在家族中讲求对父母应尽的孝道，在政治上就可以相应地用来侍奉国君；在家族中讲求对兄长应尽的悌道，在政治上就可以相应地用来侍奉尊长；在家族中讲求对子女应有的慈爱，在政治上就可以相应地用来指使民众。

　　《尚书·康诰》篇说："保护人民要像保护初生的婴儿一样。"只要内心能够真诚地去力求保护他，那么即使不完全符合要求，也就不会相差太远了。生活中没有见过先学会了养育孩子然后才出嫁的女人（出嫁后之所以能养育好孩子，完全是出于母爱的一片真诚而已）。

　　（作为国君，就是一国的榜样，）他只要在自己一家中推行仁爱相亲之道，那么一国的臣民也会兴起仁爱相亲的风气；他只要在自己一家中推行谦恭礼让之道，那么一国的臣民也会兴起谦恭礼让的风气；反之，假若他一个人贪婪暴戾，那么一国的民众都会起来犯上作乱。事物的关键就是这样。这就叫做，（国君的）一句话说错了，便有可能败坏事情；一个人向善，整个国家就会安定。

由此，笔者得出以下竞争方面的领导原则。

升层竞争的领导原则：领导者要运用时空思维，在适当的情况下采取升层策略开展竞争。

降层竞争的领导原则：领导者要运用时空思维，在适当的情况下采取降层策略开展竞争。

7.1.2 基于空间视角的维度方面的领导原则

基于空间视角的维度方面，领导者可以采用两种领导策略来面对竞争，第一种是升维策略，第二种是降维策略。

所谓升维策略，是指领导者通过增加分析问题的维度来获得竞争的胜利。

升维策略的通俗名称是"多点围攻"。

譬如，《孙子兵法》中提出，领导者取得战争胜利需要考虑更多的软实力维度和硬实力维度。其中"道""法"是软实力，"天""地"和"将"是硬实力。

《孙子兵法》（计篇）①

原文：

　　故经之以五事，校之以计，而索其情：一曰道，二曰天，三曰地，四曰将，五曰法。

译文：

　　要从以下五个方面去研究战前形势，一一比较各项战争要素，认真探索敌我双方的胜负概率：一是道，二是天，三是地，四是将，五是法。

又譬如，《孙子兵法》中提出，领导者取得战争胜利需要考虑更多的软实力维度。

---

① 陈曦，译注. 孙子兵法：中华经典名著全本全注全译丛书 [M]. 北京：中华书局，2011.

《孙子兵法》（谋攻篇）①

原文：

　　故知胜有五：知可以战与不可以战者胜，识众寡之用者胜，上下同欲者胜，以虞待不虞者胜，将能而君不御者胜。此五者，知胜之道也。

译文：

　　可从以下五种情况预测战争胜负：知道可以作战或不可以作战的，能够取胜；懂得兵力多时该如何用兵，兵力少时该如何用兵的，能够取胜；全军上下同心同德的，能够取胜；以自己的有准备对付敌人无准备的，能够取胜；将领有治军能力，而国君能不干预其指挥的，能够取胜。这五条，是预测战争胜负的方法。

还譬如，《孙子兵法》中提出，领导者取得战争胜利需要考虑更多的硬实力维度。

《孙子兵法》（形篇）①

原文：

　　兵法：一曰度，二曰量，三曰数，四曰称，五曰胜。地生度，度生量，量生数，数生称，称生胜。故胜兵若以镒称铢，败兵若以铢称镒。胜者之战民也，若决积水于千仞之谿者，形也。

译文：

　　根据用兵之法，战前的物质准备要掌握以下五大指标：一是度量土地面积，二是计量物产收成，三是计算兵员多寡，四是衡量

---

①　陈曦，译注. 孙子兵法：中华经典名著全本全注全译丛书 [M]. 北京：中华书局，2011.

实力状况，五是预测胜负情状。一个国家的土地质量，决定了它的耕地面积的多少；一个国家的耕地面积，决定了它的粮食收成的情况；一个国家的粮食收成，决定了它的兵员数量的多寡；一个国家的兵员数量，决定了它的实力的大小；一个国家的实力大小，决定了它能否在战争中取胜。胜利军队的实力，较之于失败军队的实力，其优势之突出就像拿镒与铢比较一样；失败军队的实力，较之于胜利军队的实力，其劣势之明显就像拿铢与镒比较一样。军事实力绝对优势的一方，其将领指挥士卒作战，其威慑力就像从八千尺高的山涧上决开积水一样无法抵挡，这就是"形"的含义。

所谓降维策略，是指领导者通过全面分析对方的实力，避开对方实力的优势维度所能发挥作用的地方（即降低对方优势维度的作用），将着力点集中在自身具有相对优势的实力维度上，采取相关的措施来获得竞争的胜利。

降维策略的通俗名称是"单点突破"。

譬如，《孙子兵法》中提出，领导者有时需要通过避实击虚来取得战争的胜利。

《孙子兵法》（虚实篇）①

原文：

夫兵形象水，水之形，避高而趋下，兵之形，避实而击虚。水因地而制流，兵因敌而制胜。

译文：

用兵打仗的一般情况就像流水，流水的特性，是避开高处而往低处流，用兵打仗的特性，是避开敌人兵力集中而强大的地方，

---

① 陈曦，译注．孙子兵法：中华经典名著全本全注全译丛书[M]．北京：中华书局，2011．

而攻击敌人兵力分散而虚弱的地方。水依据地形的变化而决定着水的流向，军队也要依据敌情的变化而制服敌人取得胜利。

由此，笔者得出以下竞争方面的领导原则。

升维竞争的领导原则：领导者要运用时空思维，在适当的情况下采取升维策略开展竞争。

降维竞争的领导原则：领导者要运用时空思维，在适当的情况下采取降维策略开展竞争。

7.1.3　基于时间视角的动态方面的领导原则

基于时间视角的动态方面，领导者可以采用两种领导策略来面对竞争，第一种是升时策略，第二种是降时策略。

所谓升时策略，是指领导者通过延长时间以及提高自身学习和创新的意愿和能力，从而持续增长自身实力来获得胜利的策略。升时策略适合于组织自身现有的实力不敌对方，但是实力发展的潜力优于对方以至于在今后有机会超越对方的情况。因此，领导者会采取延长时间的方式，使组织自身的实力能够随着时间不断增长，到了实力超越对方的时候发起竞争，并赢得胜利。

升时策略的通俗名称是"韬光养晦，后发制人"。

譬如，《道德经》中提出领导者应该采用未雨绸缪、争取时间的策略。

《道德经》①

原文：

　　其安易持，其未兆易谋，其脆易泮，其微易散。为之于未有，治之于未乱。

---

① 张景，张松辉，译注.道德经：中华经典名著全本全注全译丛书 [M]. 北京：中华书局，2021.

合抱之木，生于毫末；九层之台，起于累土；千里之行，始于足下。

为者败之，执者失之。是以圣人无为，故无败；无执，故无失。

民之从事，常于几成而败之。慎终如始，则无败事。

是以圣人欲不欲，不贵难得之货；学不学，复众人之所过。以辅万物之自然，而不敢为。

译文：

局面稳定时，容易维持原状；国家还没有出现动乱苗头时，容易对付；事物脆弱时，容易消除；事物微小时，容易消散。在危险局面还没有发生的时候就做好准备，在国家还没有混乱的时候就注意治理。

合抱粗的大树，是由细小如毫毛的萌芽成长起来的；九层高的高台，是由一筐一筐的土堆砌起来的；千里远的路程，是由一步一步走出来的。

按照个人意愿做事，就会失败；想把东西占为己有，就会失去。因此圣人顺物而为，因而不会失败；不去占有，因而也不会失去。

人们做事，往往在快要成功的时候失败了。如果结束时依然像开始时那样谨慎小心，就不会把事情办坏。

因此圣人所想得到的东西是一般人所不想得到的，不看重一般人所喜爱的奇珍异宝；圣人学习的内容是一般人所不愿学习的，并以此来纠正众人的过错。圣人顺应着万物的自然天性去帮助它们成功，而不敢按照个人意志去做事。

又譬如，《中庸》中提出领导者预先了解、提前准备的重要性。

《中庸》①

原文：

凡事豫则立，不豫则废。言前定则不跲，事前定则不困，行前定则不疚，道前定则不穷。

译文：

凡是办理事情，能预先作好准备，就能取得成功；没有预先准备，就有可能失败。例如：说话预先考虑好，就不会语塞不畅；做事预先计划好，就不会遭遇困难；修养德行预先立有主张，就不会引起悔恨和愧疚；推行学说预先定有目标，就会无所不通而不至于陷入困境。

还譬如，《中庸》中提出领导者应该提前了解事物的征兆、以获得处理问题的时间和机会。

《中庸》①

原文：

至诚之道，可以前知。国家将兴，必有祯祥；国家将亡，必有妖孽。见乎蓍龟，动乎四体。祸福将至，善，必先知之；不善，必先知之。故至诚如神。

译文：

达到最高真诚之道的人，可以预知未来。当国家将要兴盛的时候，一定会有祯祥这种吉利的预兆；当国家将要衰亡的时候，

---

① 陈晓芬，徐儒宗，译注．论语·大学·中庸：中华经典名著全本全注全译丛书 [M]. 2 版．北京：中华书局，2015.

一定会有妖孽这种祸患的预兆。这种预示吉凶的征兆，可以从蓍草和龟甲的占卜方式之中表现出来，也可以从人们的动作威仪之中体现出来。当灾祸与福祉将要来临的时候，如果是好事情，一定可以预先知道；如果是坏事情，也一定可以预先知道。所以，到达最高真诚境界的人，犹如神明一般灵验。

还譬如，《中庸》中提出领导者应该开展学习、提问、思考、辨别和行动的重要意义。

《中庸》①

原文：

博学之，审问之，慎思之，明辨之，笃行之。有弗学，学之弗能，弗措也；有弗问，问之弗知，弗措也；有弗思，思之弗得，弗措也；有弗辨，辨之弗明，弗措也；有弗行，行之弗笃，弗措也。人一能之，己百之；人十能之，己千之。果能此道矣，虽愚必明，虽柔必强。

译文：

广泛地学习，审慎地询问，慎重地思考，明确地辨析，切实地履行。除非不学习，学习了没有学会就决不放弃；除非不询问，询问了没有理解就决不放弃；除非不思考，思考了没有获得结果就决不放弃；除非不辨析，辨析了没有彻底明白就决不放弃；除非不履行，履行了没有切实做到就不放弃。别人用一分功夫能做到的，自己就下一百分的功夫；别人用十分功夫能做到的，自己就下一千分的功夫。如果真能用这样的毅力追求中庸之道，那么即使是愚笨的人，也一定会变得聪明起来；即使是懦弱的人，也一定会变得刚强起来。

---

① 陈晓芬，徐儒宗，译注 . 论语·大学·中庸：中华经典名著全本全注全译丛书 [M]. 2 版 . 北京：中华书局，2015.

还譬如，《孙子兵法》中提出，领导者应该不断创新和改变作战策略、出奇制胜，以取得战争的胜利。

《孙子兵法》（势篇）①

原文：

凡战者，以正合，以奇胜。故善出奇者，无穷如天地，不竭如江河。……声不过五，五声之变，不可胜听也。色不过五，五色之变，不可胜观也。味不过五，五味之变，不可胜尝也。战势不过奇正，奇正之变，不可胜穷也。奇正相生，如循环之无端，孰能穷之？

译文：

凡是作战，总是以正兵抵挡敌人，以奇兵取胜。因此，善于出奇制胜的将帅，其战法既像苍天大地一样无穷无尽，又像长江黄河一样奔流不息。……声音不过五种音节，然而五声的变化却多得听不过来。颜色不过五种色素，然而五色的变化却多得看不过来。滋味不过五种味道，然而五味的变化却多得尝不过来。兵力部署与作战方式不过奇与正两种，然而奇与正的变化，却是无穷无尽的。奇与正的相互转化，就像圆环一样无始无终，谁能够穷尽它呢？

还譬如，《孙子兵法》中提出，领导者应该不断创新和营造作战的形势以取得战争的胜利。

---

① 陈曦，译注 . 孙子兵法：中华经典名著全本全注全译丛书 [M]. 北京：中华书局，2011.

《孙子兵法》（虚实篇）①

原文：

　　故兵无常势，水无常形。能因敌变化而取胜者，谓之神。

译文：

　　所以军队没有固定不变的态势，水也没有固定不变的形态。能根据敌情变化而夺取胜利的人，可称为神。

所谓降时策略，是指领导者通过抓住时机，缩短对方发展的时间以及降低对方学习和创新的意愿和能力，阻止对方增加实力，并充分利用自身已有的优势，尽早出击，从而获得胜利的策略。降时策略适合于组织自身现有能力强于对方，但是对方具有发展潜力，需要及时扼制对方发展的情况。因此，领导者会采取缩短时间的方式，不给对方发展和增强实力的机会，在对方的实力弱于自己时发动竞争，从而赢得胜利。

降时策略的通俗名称是"瞬时亮剑，一招制胜"。

譬如，《孙子兵法》中提出，领导者采用速战速决的策略、在很短的时间内取得战争的胜利。

《孙子兵法》（作战篇）①

原文：

　　故兵贵胜，不贵久。故知兵之将，生民之司命，国家安危之主也。

---

① 陈曦，译注 . 孙子兵法：中华经典名著全本全注全译丛书 [M]. 北京：中华书局，2011.

译文：

　　战争以速胜为贵，不宜久拖不决。懂得用兵规律的将领，他们既是百姓生死的掌控者，也是国家安危的主宰者。

　　又譬如，刘邦和项羽争霸中，刘邦弱化项羽学习的意愿和能力的故事。刘邦先入汉中，根据约定可以称王。但是刘邦虚心采纳和学习谋臣张良的建议，对项羽示弱，表面上继续拥戴项羽为王。这些举动使得项羽丧失了对刘邦的戒心。虽然项羽的谋臣范增力劝项羽除掉刘邦，以免留下后患，但由于刘邦的行为，本来就比较自傲的项羽更加刚愎自用，失去了学习的意愿，因此没有采纳范增的建议，错失了除掉称霸道路上最大对手刘邦的机会。项羽反而气走了范增，长久地失去了获取良好建议的来源，最后在争霸中惨败。

　　还譬如，第二次世界大战期间考文垂事件中，丘吉尔降低德军创新的意愿和能力的故事。在第二次世界大战期间，有一次德军计划对英国城市考文垂进行轰炸。轰炸前，英国科学家破解了德军的情报密码系统，知道了德军的作战计划。但是，当时英国首相丘吉尔考虑到破解德军的情报密码系统意义重大，将对今后整个英德之间的战争格局产生重要影响，而考文垂是一座小城。丘吉尔为了争取今后更大的战争利益，没有对考文垂采取防御措施，使考文垂遭受了惨重的打击。英国的这种反应使德军相信英国人并没有破解自己的情报密码系统，因此就一直采用这种密码系统。后来，英国人凭着对德军密码系统的了解，几次获取德军重大的军事行动情报，挫败了德军的计划，对德军进行了重大的打击，不断在战场上取得胜利。最后，随着盟军诺曼底登陆作战计划的实施，身处同盟国大阵营的英国取得了对德国作战的胜利。

　　由于英军故意隐瞒自身的信息，使德军意识不到自己的变化，从而降低了德军做出情报编码系统改变的意识和行动。因此，丘吉尔采用降时策略，以"小地"换来了"大地"，取得了抗击德国入侵的胜利。

　　由此，笔者得出以下竞争方面的领导原则。

升时竞争的领导原则：领导者要运用时空思维，在适当的情况下采取升时策略开展竞争。

降时竞争的领导原则：领导者要运用时空思维，在适当的情况下采取降时策略开展竞争。

7.1.4　基于挑战和应战关系方面的领导原则

领导者在领导组织和环境互动的过程中，应该为自身创造一个适度挑战的环境，但给对手营造一种不适度挑战的环境（要么是挑战很微弱、要么是挑战很强烈）。

基于组织和环境挑战和应战的关系方面，领导者可以采用两种领导策略来面对竞争，第一种是升激策略，第二种是降激策略。

所谓升激策略，是指领导者通过提高刺激强度，不给对手任何发展的余地，并一举击败对方，从而获得竞争胜利的策略。

升激策略的通俗名称是"动如雷霆，闪电制胜"。

譬如，《孙子兵法》中提出，领导者要集中优势兵力来战胜敌人。

《**孙子兵法**》（**谋攻篇**）①

原文：

故用兵之法，十则围之，五则攻之，倍则分之，敌则能战之，少则能逃之，不若则能避之。故小敌之坚，大敌之擒也。

译文：

所以用兵的规律是，兵力十倍于敌军就包围它，兵力五倍于敌军就进攻它，兵力两倍于敌军就分散敌人兵力，兵力与敌军相等就要能设奇兵打它，兵力少于敌军就要能避开它，兵力弱于敌

---

① 陈曦，译注 . 孙子兵法：中华经典名著全本全注全译丛书 [M]. 北京：中华书局，2011.

军就要能逃避它。所以实力弱小的军队如果固执硬拼，就会被强大的敌人擒获。

所谓降激策略，是指领导者通过降低刺激强度，麻痹对方，使对方放松警惕，而自身则趁机发展力量，等待条件成熟时一举击败对方，从而获得竞争胜利的策略。

降激策略的通俗名称是"不动如山，麻痹制胜"。

譬如，《孙子兵法》中提出，领导者有时可以通过麻痹敌人以取得战争的胜利。

《孙子兵法》（计篇）①

原文：

兵者，诡道也。故能而示之不能，用而示之不用，近而示之远，远而示之近。利而诱之，乱而取之，实而备之，强而避之，怒而挠之，卑而骄之，佚而劳之，亲而离之，攻其无备，出其不意。此兵家之胜，不可先传也。

译文：

军事领域应以诡诈多变为原则。所以有能力却装作没有能力；要出兵却装作不出兵；进攻的时间或距离近的，要表现出远，反之亦然；以小利诱惑敌人；扰乱敌人而趁乱战胜它；敌人实力强大就严加防备它；敌人兵强气锐就避开它；敌将性燥易怒就要想法激怒他；以卑词或佯败迷惑敌人，使其骄傲轻战；敌人休整充分，就想法使其疲惫；敌人团结和睦，就设法离间它；进攻敌人毫无准备之处，出击敌人毫无意料之地。这是军事家打败敌人的奥妙，无法事先讲明。

---

① 陈曦，译注. 孙子兵法：中华经典名著全本全注全译丛书 [M]. 北京：中华书局，2011.

又譬如，《孙子兵法》中提出，领导者可以隐藏自己不让敌人知晓以取得战争的胜利。

《孙子兵法》（虚实篇）[①]

原文：

出其所不趋，趋其所不意。

行千里而不劳者，行于无人之地也；攻而必取者，攻其所不守也。守而必固者，守其所不攻也。故善攻者，敌不知其所守；善守者，敌不知其所攻。微乎微乎，至于无形；神乎神乎，至于无声，故能为敌之司命。

译文：

向敌人急行军也无法到达的地方行进，快速到达敌人意想不到的地方。

部队行军千里而不劳累，是因为行进在敌人空虚薄弱的地区；进攻而必能取胜，是因为进攻的是敌人没有防守的地方。防守而必能巩固，是因为防守的是敌人无力攻下的地方。所以善于进攻的军队，敌人不了解它该如何防守；善于防守的军队，敌人不知该如何进攻。微妙啊微妙，到了看不出任何形迹的地步；神秘啊神秘，到了听不见任何声响的境地，所以能够成为敌人命运的主宰。

还譬如，《道德经》中提出，领导者可以通过使对手得意忘形来战胜对手，获得胜利。

[①] 陈曦，译注. 孙子兵法：中华经典名著全本全注全译丛书 [M]. 北京：中华书局，2011.

> ### 《道德经》①
>
> **原文:**
>
> 　　将欲歙之，必固张之；将欲弱之，必固强之；将欲废之，必固兴之；将欲夺之，必固与之。是谓微明，柔弱胜刚强。
>
> 　　鱼不可脱于渊，国之利器不可以示人。
>
> **译文:**
>
> 　　要想收缩自己的对手，必须暂时让对手扩张开来；要想削弱自己的对手，必须暂时加强自己的对手；要想废除自己的对手，必须暂时让对手振兴起来；要想夺取对手的东西，必须暂时先赠予一些东西给对手。这就叫作含而不露的聪明，也即以柔弱的手段战胜刚强之人的策略。
>
> 　　使用这些策略时要像鱼不可离开水那样不能脱离一定的客观条件，也像国家的优良武器一样，不能让别人知道。

还譬如，《道德经》中提出，领导者可以通过从微小处入手、不惊动外界来达到目标。

> ### 《道德经》①
>
> **原文:**
>
> 　　为无为，事无事，味无味，大小多少，报怨以德。
>
> 　　图难于其易，为大于其细。天下难事必作于易，天下大事必作于细。是以圣人终不为大，故能成其大。
>
> 　　夫轻诺必寡信，多易必多难。是以圣人犹难之，故终无难矣。

---

① 张景，张松辉，译注 . 道德经：中华经典名著全本全注全译丛书 [M]. 北京：中华书局，2021.

译文：

把清静无为当做自己的做事原则，把无事当作自己要做的事情，把无味的东西当作有味的东西，以小为大，以少为多，以德报怨。

对付困难的事情要在它还容易解决的时候开始，成就大业要从很小的事情做起。因为天下的难事都开始于容易的事，天下的大事都开始于一些小事。因此圣人始终不去直接做大事，所以才能成就大事。

轻易许诺，势必缺少信用；把事情看得越容易，势必会遇到越多的困难。因此连圣人都把办事看得很困难，所以他最终不会遇到困难。

由此，笔者得出以下竞争方面的领导原则。

升激竞争的领导原则：领导者要运用时空思维，在适当的情况下采取升激策略开展竞争。

降激竞争的领导原则：领导者要运用时空思维，在适当的情况下采取降激策略开展竞争。

7.2 竞争互动视角下的领导方法

7.2.1 基于空间视角的层次方面的领导方法

升层竞争的领导方法：领导者思考竞争问题所处的层次，采用更高层次的手段来解决问题。

在企业之间的商战中，领导者可以通过提升自己的思维层次，扩大自己思考的范围，从而在竞争中取得胜利。下面举例说明。

国内的公司 A 和国外的公司 B 是通信设备制造行业的同行，也是竞争对手。公司 A 的领导者在带领管理者和员工发展的过程中，始终能够站在国家层次来规划自身的业务发展，譬如投入大量的人力、财力和物力在通信方面的基础研究和应用研究上，取得了国际公认的通信技术标准，为国家在这一技术领域建立竞争优势做出了重要贡献。公司 A 确立的技术标准也成了国内通信行业的标准，这样使得其他同行公司在研发和生产过程中需要加以采用。同时，公司 A 在发展国内市场的同时，还不断地开发国际市场，在世界各大洲都建立了自己的分公司而且得到了很好的发展，其产品成为世界知名的品牌，为我国民族工业的国际化做出了贡献。公司 A 还努力采取各种有效的激励机制吸引世界范围内的高水平人才来国内工作，为打造政府正在倡导的建设世界人才高地做出了典范。另外，公司 A 在人员管理和文化建设的过程中积极弘扬爱国主义、艰苦奋斗以及批评和自我批评的精神，成为新时代继承党和老一辈无产阶级革命家精神的典范，为各行各业的发展带来了积极的正能量。作为一个又红又专的公司，公司 A 受到了国家的高度重视和认可，其领导者被邀请在全国科技大会上发言。由于公司 A 获得了国家层面的认可，又是行业标准制定的重要一方，在公司发展过程中不仅得到了政府在政策和资源方面的支持，也得到了国内同行业机构以及广大国内消费者的支持，因此其在同国外同行公司 B 竞争的过程中，处于极其有利的形势和位置。公司 A 获得了国家和行业的支持，而公司 B 主要依赖自身组织层次的资源。因此，具有高层次和大格局思维的公司 A 在竞争中获得了巨大的竞争优势。

还譬如，某位员工的工作积极性下降，这个问题处于个体层次。领导者可以采用团队层次的手段来解决，譬如让整个团队的成员组建微信群，每个成员每天都要在群内汇报自己的工作进展和成绩，这样就形成了一种积极向上的工作氛围，无形之中就给了这个成员群体压力和鞭策。这就是采用升层策略来提高该员工的工作积极性。

降层竞争的领导方法：领导者思考竞争问题所处的层次，采用更低层次的手段来解决问题。

譬如，企业 E 和企业 F 是业务上的竞争对手。企业 E 认为从组织层次的实力来看，自身无法和企业 F 抗衡。于是企业 E 的领导者将竞争的层次下降，从企业 F 中找到几位关键技术岗位上的员工，通过加倍的工资待遇吸引这些员工离开公司 F，加盟到自己的公司，从而削弱了公司 F 在关键技术上的力量，并增强了自身的力量。公司 E 的领导者采用了降层策略，通过获得对方核心技术人员的方式，使公司 F 失去了领先优势，并逐渐建立起自身的竞争优势。

7.2.2 基于空间视角的维度方面的领导方法

升维竞争的领导方法：领导者思考竞争问题所涉及的维度，采用更多维度的手段来解决问题。

譬如，某一家创业公司 J 提出了一种新的产品概念，已经获得了一部分风险投资的资金开始招聘员工、建设厂房、购置设备，并准备开始规模生产。公司 K 也在类似的产品领域耕耘多年，具有强大的资金实力、生产制造能力、管理经验、市场销售渠道和员工队伍等优势。眼看着公司 J 的新产品就要上线生产，公司 K 的产品今后将会被逐渐取代。为此，公司 K 立即组织研发人员分析公司 J 的新产品的核心创新技术，凭借强大的资本实力招来国内外本行业领域优秀的研发人员，针对公司 J 产品的核心技术进行跟踪研发，甚至超越。同时，利用自身在人员规模、生产制造、运营管理、营销渠道、市场、维修等多维度的实力向公司 J 发起进攻。公司 K 的新产品迅速投入大批量生产，提前进入市场。由于公司 K 比公司 J 具备更多维度的能力优势，因而在这场竞争中使用升维策略取得了最后的胜利。

降维竞争的领导方法：领导者思考竞争问题所涉及的维度，避开自己处于劣势的维度，采用自己处于优势的维度的手段来解决问题。

譬如，公司 M 和公司 N 都是房地产企业。公司 M 在一线城市高档商品房的拿地、设计、开发、建造和物业管理等方面都有较大的实力和丰富的经验。一开始，公司 M 和公司 N 都在一线城市开展业务，后来公司 N 发现自己在建设高档房产方面的实力和公司 M 相比存在较大差距，于是就逐渐离开一线城市，去二、三线城市开展房地产业务，避开和公司 M 的竞争。

公司 N 的优势在于对中档社区的设计和开发，充分利用国家城镇化的浪潮在大规模城镇化地区建立了房地产开发的竞争优势。后来，随着大城市周边开发政策的变化，公司 M 的市场份额突然下降，而公司 N 则在二、三线城市保持良好的发展势头。可见，在公司 M 和公司 N 的竞争中，公司 N 采用降维策略，避开公司 M 的锋芒，采取"农村包围城市"的方式，利用城镇化的浪潮建立了竞争优势。

7.2.3　基于时间视角的动态方面的领导方法

升时竞争的领导方法：领导者思考竞争问题所涉及的时间因素，采用延长时间的手段来解决问题。

譬如，公司 P 和公司 Q 都是银行，公司 P 处于行业内的领先位置，而公司 Q 是新进入者。公司 Q 作为新进入者，无论从资产规模、人员素质、业务网点等方面都无法和公司 P 抗衡。因此，公司 Q 为了能在市场里也"分得一杯羹"，就对公司 P 极其尊重，向其学习和请教，同时特别遵守行业规矩，在存款利息、贷款利率等方面都同大公司保持一致，这样就获得了同行业公司，尤其是公司 P 的好感、认可和支持。当然，公司 Q 在发展业务的过程中也不会和公司 P 抢客户，而是大力开发公司 P 无法顾及的客户资源，提供个性化的、方便的服务，赢得了另一片市场的客户的满意。由于公司 Q 很好地把握了和行业同伴尤其是领先公司 P 的关系，为自己争取了很长的发展时间。因此，公司 Q 采用升时策略，逐渐发展壮大，后来也进入了世界五百强公司之列。

降时竞争的领导方法：领导者思考竞争问题所涉及的时间因素，采用缩短时间的手段来解决问题。

譬如，公司 R 和公司 S 都处在互联网技术行业。公司 R 发展的时间长，实力强大，在市场上处于领先地位，而公司 S 属于初创企业，只具有某个方面的技术优势。虽然公司 S 的综合实力不如公司 R，但最近几年的发展速度较快。公司 R 明显地发现公司 S 正在依赖其某个具有优势的技术来加速发展，并通过和外部其他伙伴的合作联盟来逐渐建立起和自己一样各方面齐全的优势。看出这个苗头后，公司 R 迅速出手，首先是运用自己的实力，采取一些手段，把公司 S 的合作伙伴全部拉入自己的麾下，使其断绝了同公司 S 的合作。公司 R 通过这些合作强化了自己的优势，并且使公司 S 处于孤立状态。同时，公司 R 投入大量力量针对公司 S 拥有的技术优势开始竞争性研发，不久便超越了公司 S。在公司 R 的多重压力之下，公司 S 很快就失去了客户，最终将公司出售，退出了市场。因此，公司 R 采取降时策略保住了自己在市场上的领先位置。

7.2.4　基于挑战和应战关系方面的领导方法

升激竞争的领导方法：领导者思考竞争的程度，采用提升刺激的手段来解决问题。

譬如，公司 V 和公司 W 都处在酒店行业。在本来平静的商业运行过程中，公司 V 发现公司 W 对其采用恶意竞争手段，用各种手段将公司 V 的客户吸引到自己这里来，同时还散播对公司 V 不利的言论。公司 V 发现这种情况后，开始准备反击。公司 V 首先是对公司 W 的经营管理各方面的情况进行分析，找到其在不同层次、不同维度方面存在的问题和漏洞，准备好了相应的攻击方式，等待时机成熟之后再发起总的反击。随着疫情的到来，公司 W 由于现金不足难以支撑，而公司 V 则利用此机会，针对公司 W 在不同层次和不同维度方面存在的问题和漏洞同时开始攻击，这些齐发的"猛烈的炮火"使得公司 W 喘不过气来，公司 W 最后倒闭了。因此，公司 V 通过升激策略对蓄意伤害自己的公司 W 进行了沉重的打击，取得了竞争的胜利。

降激竞争的领导方法：领导者思考竞争的程度，采用降低刺激的手段来解决问题。

譬如，公司 X 和公司 Y 同处于电器制造行业。公司 X 在行业里发展历史悠久，实力强大，而公司 Y 则是新进入者，实力远不如公司 X。公司 X 对新进入行业的公司 Y 并不友好，总是想法设法地阻挠公司 Y 的发展。对于公司 X 的态度，公司 Y 采取的是不应战的策略。公司 Y 努力做好自己的事情，尽量不同公司 X 在业务上有竞争，尽量避开公司 X 产品销售的地区和客户。公司 Y 甚至还会在一些场合讲公司 X 的好话，这些好话传到公司 X 那里，缓解了公司 X 对公司 Y 的敌意，后来就不再刻意打压公司 Y 了。公司 Y 一直保持尽量不刺激公司 X 的做法，为自己赢得了发展的机会，同时和其他同行伙伴保持良好的关系，不断积累实力。公司 X 的领导者因为自己处在行业领先的位置，逐渐滋生出骄傲自满的情绪，其领导者有时在一些场合发表过头和不合时宜的讲话，招致社会和媒体激烈的舆论批评。同时，由于公司 X 的发展时间较长，公司规模大了之后，内部形成了不同的利益集团，内部各方面的矛盾也不断出现。后来，由于客户在使用公司 X 产品的过程中发生事故，造成重大损失，引起政府的高度重视和处罚。在这几个问题的多重打击下，公司 X 大伤元气，一蹶不振。而公司 Y 却步步为营发展起来，现在已经成为业界的头部企业。

7.3　竞争互动视角下领导策略的多种组合方法

以上述升层策略（level up，简称 Lu）、降层策略（level down，简称 Ld）、升维策略（dimension up，简称 Du）、降维策略（dimension down，简称 Dd）、升时策略（time up，简称 Tu）、降时策略（time down，简称 Td）、升激策略（challenge up，简称 Cu）、降激策略（challenge down，简称 Cd）这 8 种基本的领导策略为基础，领导者可以组合不同的领导策略来领导组织和外部的竞争。

7.3.1　不考虑领导策略的使用顺序的组合方法

如果不考虑升层策略（Lu）、降层策略（Ld）、升维策略（Du）、降维策略（Dd）、升时策略（Tu）、降时策略（Td）、升激策略（Cu）、降激策略（Cd）这 8 种基本领导策略的使用顺序，我们可以通过数学的排列组合方法，建立 256 种领导方法。

（1）未采用任何一种领导策略。若领导者未采用 8 种领导策略中的任何一种，则排列组合为 $C_8^0 = 1$，这是极少出现的一种情况。

（2）单独采用 1 种领导策略。若领导者仅采用 8 种领导策略中的 1 种，则排列组合为 $C_8^1 = 8$，即共有 8 种领导方法：Lu、Ld、Du、Dd、Tu、Td、Cu、Cd。

（3）同时采用 2 种领导策略。若领导者同时采用 8 种领导策略中的 2 种，则排列组合为 $C_8^2 = 28$，即共有 28 种领导方法：Lu-Ld、Lu-Du、Lu-Dd、Lu-Tu、Lu-Td、Lu-Cu、Lu-Cd、Ld-Du、Ld-Dd、Ld-Tu、Ld-Td、Ld-Cu、Ld-Cd、Du-Dd、Du-Tu、Du-Td、Du-Cu、Du-Cd、Dd-Tu、Dd-Td、Dd-Cu、Dd-Cd、Tu-Td、Tu-Cu、Tu-Cd、Td-Cu、Td-Cd、Cu-Cd。

（4）同时采用 3 种领导策略。若领导者同时采用 8 种领导策略中的 3 种，则排列组合为 $C_8^3 = 56$，即有 56 种领导方法：Lu-Ld-Du、Lu-Ld-Dd、Lu-Ld-Tu、Lu-Ld-Td、Lu-Ld-Cu、Lu-Ld-Cd、Lu-Du-Dd、Lu-Du-Tu、Lu-Du-Td、Lu-Du-Cu、Lu-Du-Cd、Lu-Dd-Tu、Lu-Dd-Td、Lu-Dd-Cu、Lu-Dd-Cd、Lu-Tu-Td、Lu-Tu-Cu、Lu-Tu-Cd、Lu-Td-Cu、Lu-Td-Cd、Lu-Cu-Cd、Ld-Du-Dd、Ld-Du-Tu、Ld-Du-Td、Ld-Du-Cu、Ld-Du-Cd、Ld-Dd-Tu、Ld-Dd-Td、Ld-Dd-Cu、Ld-Dd-Cd、Ld-Tu-Td、Ld-Tu-Cu、Ld-Tu-Cd、Ld-Td-Cu、Ld-Td-Cd、Ld-Cu-Cd、Du-Dd-Tu、Du-Dd-Td、Du-Dd-Cu、Du-Dd-Cd、Du-Tu-Td、Du-Tu-Cu、Du-Tu-Cd、Du-Td-Cu、Du-Td-Cd、Du-Cu-Cd、Dd-Tu-Td、Dd-Tu-Cu、Dd-Tu-Cd、Dd-Td-Cu、Dd-Td-Cd、Dd-Cu-Cd、Tu-Td-Cu、Tu-Td-Cd、Tu-Cu-Cd、Td-Cu-Cd。

（5）同时采用 4 种领导策略。若领导者同时采用 8 种领导策略中的 4 种，则排列组合为 $C_8^4 = 70$，即有 70 种领导方法：Lu-Ld-Du-Dd、Lu-Ld-Du-Tu、Lu-Ld-Du-Td、Lu-Ld-Du-Cu、Lu-Ld-Du-Cd、Lu-Ld-Dd-Tu、Lu-Ld-Dd-Td、Lu-Ld-Dd-Cu、Lu-Ld-Dd-Cd、Lu-Ld-Tu-Td、Lu-Ld-Tu-Cu、Lu-Ld-Tu-Cd、Lu-Ld-Td-Cu、Lu-Ld-Td-Cd、Lu-Ld-Cu-Cd、Lu-Du-Dd-Tu、

Lu-Du-Dd-Td、Lu-Du-Dd-Cu、Lu-Du-Dd-Cd、Lu-Du-Tu-Td、Lu-Du-Tu-Cu、Lu-Du-Tu-Cd、Lu-Du-Td-Cu、Lu-Du-Td-Cd、Lu-Du-Cu-Cd、Lu-Dd-Tu-Td、Lu-Dd-Tu-Cu、Lu-Dd-Tu-Cd、Lu-Dd-Td-Cu、Lu-Dd-Td-Cd、Lu-Dd-Cu-Cd、Lu-Tu-Td-Cu、Lu-Tu-Td-Cd、Lu-Tu-Cu-Cd、Lu-Td-Cu-Cd、Ld-Du-Dd-Tu、Ld -Du-Dd-Td、Ld -Du-Dd-Cu、Ld -Du-Dd-Cd、Ld -Du-Tu-Td、Ld-Du-Tu-Cu、Ld-Du-Tu-Cd、Ld-Du-Td-Cu、Ld-Du-Td-Cd、Ld-Du-Cu-Cd、Ld-Dd-Tu-Td、Ld-Dd-Tu-Cu、Ld-Dd-Tu-Cd、Ld-Dd-Td-Cu、Ld-Dd-Td-Cd、Ld-Dd-Cu-Cd、Ld-Tu-Td-Cu、Ld-Tu-Td-Cd、Ld-Tu-Cu-Cd、Ld-Td-Cu-Cd、Du-Dd-Tu-Td、Du-Dd-Tu-Cu、Du-Dd-Tu-Cd、Du-Dd-Td-Cu、Du-Dd-Td-Cd、Du-Dd-Cu-Cd、Du-Tu-Td-Cu、Du-Tu-Td-Cd、Du-Tu-Cu-Cd、Du-Td-Cu-Cd、Dd-Tu-Td-Cu、Dd-Tu-Td-Cd、Dd-Tu-Cu-Cd、Dd-Td-Cu-Cd、Tu-Td-Cu-Cd。

（6）同时采用 5 种领导策略。若领导者同时采用 8 种领导策略中的 5 种，则排列组合为 $C_8^5 = 56$，即有 56 种领导方法：Lu-Ld-Du-Dd-Tu、Lu-Ld-Du-Dd-Td、Lu-Ld-Du-Dd-Cu、Lu-Ld-Du-Dd-Cd、Lu-Ld-Du-Tu-Td、Lu-Ld-Du-Tu-Cu、Lu-Ld-Du-Tu-Cd、Lu-Ld-Du-Td-Cu、Lu-Ld-Du-Td-Cd、Lu-Ld-Du-Cu-Cd、Lu-Ld-Dd-Tu-Td、Lu-Ld-Dd-Tu-Cu、Lu-Ld-Dd-Tu-Cd、Lu-Ld-Dd-Td-Cu、Lu-Ld-Dd-Td-Cd、Lu-Ld-Dd-Cu-Cd、Lu-Ld-Tu-Td-Cu、Lu-Ld-Tu-Td-Cd、Lu-Ld-Tu-Cu-Cd、Lu-Ld-Td-Cu-Cd、Lu-Du-Dd-Tu-Td、Lu-Du-Dd-Tu-Cu、Lu-Du-Dd-Tu-Cd、Lu-Du-Dd-Td-Cu、Lu-Du-Dd-Td-Cd、Lu-Du-Dd-Cu-Cd、Lu-Du-Tu-Td-Cu、Lu-Du-Tu-Td-Cd、Lu-Du-Tu-Cu-Cd、Lu-Du-Td-Cu-Cd、Lu-Dd-Tu-Td-Cu、Lu-Dd-Tu-Td-Cd、Lu-Dd-Tu-Cu-Cd、Lu-Dd-Td-Cu-Cd、Lu-Tu-Td-Cu-Cd、Ld-Du-Dd-Tu-Td、Ld-Du-Dd-Tu-Cu、Ld-Du-Dd-Tu-Cd、Ld-Du-Dd-Td-Cu、Ld-Du-Dd-Td-Cd、Ld-Du-Dd-Cu-Cd、Ld-Du-Tu-Td-Cu、Ld-Du-Tu-Td-Cd、Ld-Du-Tu-Cu-Cd、Ld-Du-Td-Cu-Cd、Ld-Dd-Tu-Td-Cu、Ld-Dd-Tu-Td-Cd、Ld-Dd-Tu-Cu-Cd、Ld-Dd-Td-Cu-Cd、Ld-Tu-Td-Cu-Cd、Du-Dd-Tu-Td-Cu、Du-Dd-Tu-Td-Cd、Du-Dd-Tu-Cu-Cd、Du-Dd-Td-Cu-Cd、Du-Tu-Td-Cu-Cd、Dd-Tu-Td-Cu-Cd。

（7）同时采用6种领导策略。若领导者同时采用8种领导策略中的6种，则排列组合为 $C_8^6 = 28$，即有28种领导方法：Du-Dd-Tu-Td-Cu-Cd、Ld-Dd-Tu-Td-Cu-Cd、Ld-Du-Tu-Td-Cu-Cd、Ld-Du-Dd-Td-Cu-Cd、Ld-Du-Dd-Tu-Cu-Cd、Ld-Du-Dd-Tu-Td-Cd、Ld-Du-Dd-Tu-Td-Cu、Lu-Dd-Tu-Td-Cu-Cd、Lu-Du-Tu-Td-Cu-Cd、Lu-Du-Dd-Td-Cu-Cd、Lu-Du-Dd-Tu-Cu-Cd、Lu-Du-Dd-Tu-Td-Cd、Lu-Du-Dd-Tu-Td-Cu、Lu-Ld-Tu-Td-Cu-Cd、Lu-Ld-Dd-Td-Cu-Cd、Lu-Ld-Dd-Tu-Cu-Cd、Lu-Ld-Dd-Tu-Td-Cd、Lu-Ld-Dd-Tu-Td-Cu、Lu-Ld-Du-Td-Cu-Cd、U-Ld-Du-Tu-Cu-Cd、Lu-Ld-Du-Tu-Td-Cd、Lu-Ld-Du-Tu-Td-Cu、Lu-Ld-Du-Dd-Cu-Cd、Lu-Ld-Du-Dd-Td-Cd、Lu-Ld-Du-Dd-Td-Cu、Lu-Ld-Du-Dd-Tu-Cd、Lu-Ld-Du-Dd-Tu-Cu、Lu-Ld-Du-Dd-Tu-Td。

（8）同时采用7种领导策略。若领导者同时采用8种领导策略中的7种，则排列组合为 $C_8^7 = 8$，即有8种领导方法：Lu-Ld-Du-Dd-Tu-Td-Cu、Lu-Ld-Du-Dd-Tu-Td-Cd、Lu-Ld-Du-Dd-Tu-Cu-Cd、Lu-Ld-Du-Dd-Td-Cu-Cd、Lu-Ld-Du-Tu-Td-Cu-Cd、Lu-Ld-Dd-Tu-Td-Cu-Cd、Lu-Du-Dd-Tu-Td-Cu-Cd、Ld-Du-Dd-Tu-Td-Cu-Cd。

（9）同时采用8种领导策略。若领导者同时采用8种领导策略中的8种，则排列组合为 $C_8^8 = 1$，即有1种领导方法：Lu-Ld-Du-Dd-Tu-Td-Cu-Cd。

综上所述，以上述8种基本的领导策略为基础，如果不考虑这些领导策略的使用顺序，领导者一共有256种（ $C_8^0 + C_8^1 + C_8^2 + C_8^3 + C_8^4 + C_8^5 + C_8^6 + C_8^7 + C_8^8 = 1 + 8 + 28 + 56 + 70 + 56 + 28 + 8 + 1 = 256$）领导方法。

以上分析考虑的是组织和外部竞争的某一阶段中，领导者可以使用的由不同数量和不同种类的领导策略组合形成的领导方法。但是在现实中，一般来说，组织和外部竞争并不仅存在于某一阶段，也不是很快就能结束的。更可能的情况是，组织和外部的竞争会经历较长的时间，而且竞争的过程是持续的、变化的、发展的。因此，领导者在领导组织和外部竞争的过程中，存在很多个具有不同特征的竞争阶段，而每一个阶段都可以使用数百种领导方法。也就是说，领导者带领组织在和外部的竞争的过程中，使用的领导方法可以说是无穷无尽、千变万化的。领导者只有掌握了更丰富、更独特的信息，并根据这些信息更快速地、变幻莫测地使用有效的领导方法，才更有可能取得竞争的胜利。

7.3.2　考虑领导策略的使用顺序的组合方法

考虑到实际的竞争情景中，领导策略很可能存在不同的使用顺序，即使同样几个基本的领导策略也会有不同的使用顺序，从而带来不同的结果。因此，如果考虑升层策略（Lu）、降层策略（Ld）、升维策略（Du）、降维策略（Dd）、升时策略（Tu）、降时策略（Td）、升激策略（Cu）、降激策略（Cd）这 8 种基本领导策略的使用顺序，我们可以通过数学的排列组合方法，建立 109601 种领导方法。

（1）未采用任何一种领导策略。若领导者未采用 8 种领导策略中的任何一种，则排列组合为 $A_8^0 = 1$，这是极少出现的一种情况。

（2）单独采用 1 种领导策略。若领导者仅采用 8 种领导策略中的 1 种，则排列组合为 $A_8^1 = 8$，即共有 8 种领导方法：Lu、Ld、Du、Dd、Tu、Td、Cu、Cd。

（3）同时采用 2 种领导策略。若领导者按照不同顺序同时采用 8 种领导策略中的 2 种，则排列组合为 $A_8^2 = 56$，即共有 56 种领导方法：Lu-Ld、Ld-Lu、Lu-Du、Du-Lu、Lu-Dd、Dd-Lu、Lu-Tu、Tu-Lu、Lu-Td、Td-Lu、Lu-Cu、Cu-LI、Lu-Cd、Cd-Lu、Ld-Du、Du-Ld、Ld-Dd、Dd-Ld、Ld-Tu、Tu-Ld、Ld-Td、Td-Ld、Ld-Cu、Cu-Ld、Ld-Cd、Cd-Ld、Du-Dd、Dd-Du、Du-Tu、Tu-Du、Du-Td、Td-Du、Du-Cu、Cu-Du、Du-Cd、Cd-Du、Dd-Tu、Tu-Dd、Dd-Td、Td-Dd、Dd-Cu、Cu-Dd、Dd-Cd、Cd-Dd、Tu-Td、Td-Tu、Tu-Cu、Cu-Tu、Tu-Cd、Cd-Tu、Td-Cu、Cu-Td、Td-Cd、Cd-Td、Cu-Cd、Cd-Cu。

（4）同时采用 3 种领导策略。若领导者按照不同顺序同时采用 8 种领导策略中的 3 种，则排列组合为 $A_8^3 = 336$，即有 336 种领导方法，譬如 Lu-Ld-Du、Lu-Du-Ld 等。

（5）同时采用 4 种领导策略。若领导者按照不同顺序同时采用 8 种领导策略中的 4 种，则排列组合为 $A_8^4 = 1680$，即有 1680 种领导方法，譬如 Lu-Ld-Du-Dd、Lu-Ld-Dd-Du 等。

（6）同时采用 5 种领导策略。若领导者按照不同顺序同时采用 8 种领导策略中的 5 种，则排列组合为 $A_8^5 = 6720$，即有 6720 种领导方法，譬如 Lu-Ld-Du-Dd-Tu、Lu-Ld-Du-Tu-Dd 等。

（7）同时采用 6 种领导策略。若领导者按照不同顺序同时采用 8 种领导策略中的 6 种，则排列组合为 $A_8^6 = 20160$，即有 20160 种领导方法，譬如 Du-Dd-Tu-Td-Cu-Cd、Du-Dd-Tu-Td-Cd-Cu 等。

（8）同时采用 7 种领导策略。若领导者按照不同顺序同时采用 8 种领导策略中的 7 种，则排列组合为 $A_8^7 = 40320$，即有 40320 种领导方法，譬如 Lu-Ld-Du-Dd-Tu-Td-Cu、Lu-Ld-Du-Dd-Tu-Cu-Td 等。

（9）同时采用 8 种领导策略。若领导者按照不同顺序同时采用 8 种领导策略中的 8 种，则排列组合为 $A_8^8 = 40320$，即有 40320 种领导方法，譬如 Lu-Ld-Du-Dd-Tu-Td-Cu-Cd、Lu-Ld-Du-Dd-Tu-Td-Cd-Cu 等。

综上所述，以上述 8 种领导策略为基础，如果考虑这些领导策略的使用顺序，领导者一共有 109601 种（$A_8^0 + A_8^1 + A_8^2 + A_8^3 + A_8^4 + A_8^5 + A_8^6 + A_8^7 + A_8^8 = 1 + 8 + 56 + 336 + 1680 + 6720 + 20160 + 40320 + 40320 = 109601$）领导方法。

以上分析考虑的是组织和外部竞争的某一阶段中，领导者可以使用的由不同数量、不同种类、不同顺序的领导策略组合形成的领导方法。但事实上，领导者在领导组织和外部竞争的过程中，存在多个竞争阶段，而每一个阶段都可以使用数万种领导方法。也就是说，领导者带领组织在和外部的竞争的过程中，使用的领导方法可以说是不可穷尽、变化万千的。领导者只有掌握了更全面、更准确的信息，并根据这些信息更有效地、出其不意地使用这些领导方法，才更有可能取得竞争的胜利。

延伸阅读

1. 关于文明发展的种族论、环境论和互动论

关于文明的发展，国际上有三种不同的理论：种族论、环境论和互动论。

种族论认为文明的发展和种族相关，也就是和种族的基因相关。人们对这种观点存在不同的看法。

环境论认为人类的发展和所处的外部环境，尤其是地理环境呈现出密切的关系。例如地中海文明、两河文明、黄河文明等许多文明都使用地理名称命名，正所谓"一方水土养一方人"。环境论认为环境会对文化的形成产生非常重要的影响。有一本书《枪炮、病菌与钢铁：人类社会的命运》就是强调了环境对人类文明发展的影响①。

互动论是英国历史学家汤因比另辟蹊径提出来的。它融合了种族论和环境论这两种观点，认为人和环境互动是文明产生的重要原因。互动论就是我们经常讲的内因和外因，内因就是种族，外因就是环境，内因和外因相互作用就是互动，所以不仅种族重要，环境也很重要，但更重要的是种族和环境之间的互动。汤因比在对文明的起源、成长、衰落和解体的历史研究中认为，文明的起源是人类对环境的挑战进行应战而产生的，文明的成长来源于适度的挑战和适度的应战之间的连续循环，表现为可显的外部成就和人类内在的发展。可显的外部成就比如高铁、人工智能、载人航天、生物科技等，人类内在的发展包括人类的身体发展和精神发展。

回顾中华文明的产生和发展过程，我们发现，中华文明首先产生在黄河流域，因为黄河流域有水、泥土较细、适合耕种，因此黄河流域的环境不是太坏。但是，黄河流域的环境也不是太好。黄河经常发生水灾，治水问题是中国历代领导者需要解决的重大问题，所以大禹治水等故事会流传至今。因此，一方面，黄河流域能够耕种，能够发展文明；另一方面，黄河流域有挑战，经常洪水泛滥，河流还经常改道。正是由于黄河流域的环境不太坏，

① （美）贾雷德·戴蒙德. 枪炮、病菌与钢铁 [M]. 谢延光，译. 上海：上海译文出版社，2019.

所以人能够生存，但又因为不太好，所以人需要发展创造力和集体协作的能力。譬如，在治水的过程中，人需要相互协作，需要有领导者能够集中力量，所以领导者的号召力和组织协调能力得到了提高，大众也变得更加勤劳和智慧，发展出了璀璨的文明，而且绵延至今，还将继续发展下去。

本书吸收了历史学家汤因比的思想，提出组织和环境之间的关系是一种挑战和应战的关系，除了接受环境的挑战并进行应战之外，组织也会对环境发起挑战，刺激环境，然后环境对组织进行应战。

2. 适度的挑战对人和组织成功的影响

在不足、适度、临界和过量这几种程度的刺激中，不足的刺激难以引起人的关注，不利于促进人和组织的发展。不足的刺激，就是人们常说的"温水煮青蛙"。例如美国和欧洲的人口结构改变是非常缓慢的，并没有引起足够的关注和重视，导致种族事件的多次爆发。而临界和过量的刺激对组织提出过于严苛的要求，组织只能勉强维持生存，甚至超出了领导者创造力所能发挥作用的边界，最后导致组织的衰退，失去生存的可能性。适度的挑战既能够提高领导者的决心，发挥其创造力，又不至于失去生存的机会。所以从这种意义上讲，应该把"卓越出自艰辛"改为"卓越出自适度的艰辛"。中国古代也有"无过无不及"的中庸思想，"喜怒哀乐之未发，谓之中；发而皆中节，谓之和。中也者，天下之大本也；和也者，天下之达道也。致中和，天地位焉，万物育焉。"① 只有"中和"才能使天地找到自己的位置，万物得到发育成长。

司马迁在《报任安书》一文中说道："文王拘而演《周易》，仲尼厄而作《春秋》，屈原放逐乃赋《离骚》，左丘失明厥有《国语》。"这说明刺激对开发人的创造力的意义。其实，这段话也是司马迁自己有感而发。司马迁也是在遭受厄运的情况下撰写了《史记》，为中华民族留下宝贵的历史文化知识资源。

陈继儒在《小窗幽记》中说："攻人之恶毋太严，要思其堪受；教人

① 陈晓芬，徐儒宗，译注. 论语·大学·中庸：中华经典名著全本全注全译丛书[M]. 2版. 北京：中华书局，2015.

以善毋过高，当原其可从"①，则是强调适度刺激的重要性。

国家、组织的成长和发展需要外部环境的适度刺激，适度刺激的环境也能够成就一个人。因为洪秀全的造反，曾国藩才有了发展的机会。因此，成就曾国藩的除了慈禧太后的支持，还有洪秀全对他的适度刺激。左宗棠之所以名垂青史，是因为他打败了阿古柏，收复了新疆。因此，成就左宗棠的除了慈禧太后的支持，还有阿古柏对他的适度挑战。成就康熙的除了孝庄太后的支持和出谋划策，还有鳌拜等朝廷重臣的挑战，康熙通过平定挑战，获得成长的机会，最终使国家进入盛世时代。

3. "三声炮响"对中国社会的影响

这里用"三声炮响"举例说明外部环境对中国的挑战和中国对环境的应战。近代以前中国曾经是历史上非常强大的国家，但是近代以来的"三声炮响"对中国产生了很大的刺激。第一声是鸦片战争的炮响，让中国人明白了这个世界上有另外的文明，有另外的科技革命，使中国意识到了科技的重要性。由此开始了洋务运动，向德国采购战舰、大炮等军火，发展硬实力。第二声是甲午战争的炮响，甲午海战中，中国有很多从德国购买的坚固的舰艇，但是却失利了。这让中国认识到光有技术是不行的，还必须配合良好的训练制度、组织管理方法等。第三声是十月革命的炮响，给中国共产党送来了新的主义，中国共产党把它和中国革命的具体实践相结合，马克思主义中国化，取得了新民主主义革命的胜利，建立了新中国。这三声炮响对中国的影响很大，也说明了任何一个系统都应该是开放的，封闭系统是无法改变的，必须在开放的环境中，外部输入加上自我调整，才能使系统有持久的生命力。

中国的国歌中有一句歌词是"中华民族到了最危险的时候"，这足以说明中国人有很强烈的忧患意识，即使发展到今天也没有改变。这种危机意识有利于中国的生存和发展。

---

① 陈继儒 . 小窗幽记：中华经典藏书 [M] . 成敏，译注 . 北京：中华书局，2016.

4.《孟子》中关于磨炼对人成长重要性的观点

《孟子》①

原文：

故天将降大任于是人也，必先苦其心志，劳其筋骨，饿其体肤，空乏其身，行拂乱其所为，所以动心忍性，曾益其所不能。

译文：

所以说天要把重任降临给某个人的话，一定会先磨砺他的心志，劳累他的筋骨，饥饿他的身体，穷困他的生活，他的每一个行为都被扰乱，这样来触动他的内心、坚忍他的性格，增加他过去所没有的能力。

5.《中庸》中关于适度磨炼对人成长重要性的观点

《中庸》②

原文：

致中和，天地位焉，万物育焉。

译文：

能够达到"中和"的境界，那么天地就可以各就其位而运行不息，万物便能够各随其性而生长发育了。

---

① 方勇，译注. 孟子：中华经典名著全本全注全译丛书 [M]. 2 版. 北京：中华书局，2015.
② 陈晓芬，徐儒宗，译注. 论语·大学·中庸：中华经典名著全本全注全译丛书 [M]. 2 版. 北京：中华书局，2015.

6.《孙子兵法》中关于战争中"藏"和"动"的观点

《孙子兵法》（形篇）①

原文：

　　不可胜者，守也；可胜者，攻也。守则不足，攻则有余。善守者藏于九地之下，善攻者动于九天之上，故能自保而全胜也。

译文：

　　不能战胜敌人，就要采取防御；可以战胜敌人，就要采取进攻。采取防御是由于实力不足，采取进攻是由于实力强大。善于防御的人，将其实力隐蔽得如同藏于深不可测的地下；善于进攻的人，把其兵力调动得如同从云霄之上从天而降，所以既能保护自己，又能取得完全的胜利。

实 践 练 习

一、升层策略

　　请你列出目前工作上遇到的实际问题。你认为沿用升层策略的思路，可以找到什么具体的方法和措施来更有效地解决这些问题？

二、降层策略

　　请你列出目前工作上遇到的实际问题。你认为沿用降层策略的思路，可以找到什么具体的方法和措施来更有效地解决这些问题？

三、升维策略

　　请你列出目前工作上遇到的实际问题。你认为沿用升维策略的思路，可以找到什么具体的方法和措施来更有效地解决这些问题？

---

① 陈曦，译注. 孙子兵法：中华经典名著全本全注全译丛书 [M]. 北京：中华书局，2011.

四、降维策略

请你列出目前工作上遇到的实际问题。你认为沿用降维策略的思路，可以找到什么具体的方法和措施来更有效地解决这些问题？

五、升时策略

请你列出目前工作上遇到的实际问题。你认为沿用升时策略的思路，可以找到什么具体的方法和措施来更有效地解决这些问题？

六、降时策略

请你列出目前工作上遇到的实际问题。你认为沿用降时策略的思路，可以找到什么具体的方法和措施来更有效地解决这些问题？

七、升激策略

请你列出目前工作上遇到的实际问题。你认为沿用升激策略的思路，可以找到什么具体的方法和措施来更有效地解决这些问题？

八、降激策略

请你列出目前工作上遇到的实际问题。你认为沿用降激策略的思路，可以找到什么具体的方法和措施来更有效地解决这个问题？

第 8 章

成就繁荣昌盛：时空领导力的成效

根据时空领导力理论，领导的成效需要从时间和空间上进行评价。领导的成效包含了时间视角成效和空间视角成效，空间视角成效又包括空间视角层次上的成效和空间视角维度上的成效。

总体来说，领导的成效可以用 3 个层次上的"好"、2 个维度上的"强大"、3 个时间上的"对得起"来概括，如图 8-1 所示。

空间视角层次方面有 3 个"好"，第一个是管理"好"自己，第二个是管理"好"团队，第三个是管理"好"组织。

空间视角维度方面有 2 个"强大"，第一个是建立"强大"的软实力，第二个是建立"强大"的硬实力。

时间视角方面有 3 个"对得起"，第一个是"对得起"过去，第二个是"对得起"现在，第三个是"对得起"未来。

综合起来，时空领导力的成效模型可以简称为"323"模型。

下面就时空领导力的成效展开分别的论述。

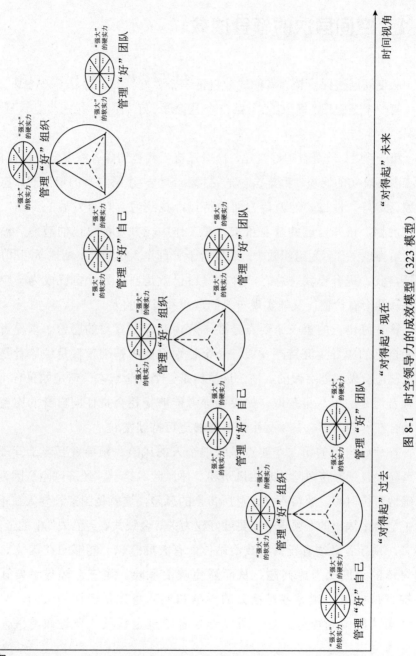

图 8-1 时空领导力的成效模型（323 模型）

8.1 空间层次的领导成效

从空间层次评价领导者的成效包括三个"好"。

第一个是管理"好"自己，第二个是管理"好"团队，第三个是管理"好"组织。

第一个"好"是管理好自己，管理好自己就是领导者需要学会正视自己，理清内心真实的愿望，确定自己的目标和定位，了解自身的价值观、态度、兴趣、偏好、性格、能力等方面的特点，找到适合自身发展的工作，做好职业规划，培养自己的敬业精神，在工作中充分发挥自己的潜力，热情而有创造力地工作，为组织效力，还要善于管理个人风险，不断地学习和成长，超越自我，提升自我。总之，管理好自己就是要努力让自己成为一个既对组织和社会有价值，又能实现自己的理想和目标的人。

管理好自己的第一个要点是要了解内心深处真实的愿望。领导者要能够使自己的领导生涯持续发展，一个特别重要的基础条件是领导者是在做他自己愿意做和能够做的事情。这虽然是一个理想状态，但是如果有可能，领导者还是应该尽量争取。如果领导者能够把社会责任同自身的愿望和兴趣结合在一起，那么其领导生涯就能够更可持续发展。

管理好自己的第二个要点是管理个人的风险。领导者要善于管理自己的风险，包括经济风险、政治风险和身体风险。第一，经济风险是因为不能正确地对待财富、获得不义之财所带来的风险，这就是国家领导人在十七届四中全会中提出的"领导干部要过好权力关、金钱关、美色关"中的金钱关。第二，领导者必须有正确的政治站位，有大局意识，能够站在国家、民族和集体的角度来考虑问题，从而避免政治风险。第三，领导者要让自己保持身体健康。领导者对社会的贡献和他的身体是密切相关的，只有身体健康才能做到行稳致远。所以领导者要过金钱关，要过政治关，还要过身体关。

第二个"好"是管理好团队。领导者需要组建和经营好自己的人生团队，学会包容和换位思考，理解他人的愿望、需求和目标，采取有效的措施激励他人，善于认清他人的价值观、态度、兴趣、偏好、性格、能力、思考问题和为人处事的方式等，努力给每个人安排合适且能发挥他们长处的职位，努力在团队内部建立有效的信息沟通和分工协作机制，以及解决矛盾和冲突的机制，学会建立共创共享的利益机制和伙伴文化，促进团队成员之间相互分享信息、知识和经验，善于整合所有人的智慧来解决复杂的问题。总之，管理好团队就是领导者要建立一个具有凝聚力和工作能力的团队，为实现整个组织的目标服务。

管理好团队的第一个要点是管理好人生团队。领导者的人生团队包含工作团队和生活团队，其中工作团队包含一般的工作团队和智囊。一般的工作团队包括核心成员和一般成员，譬如领导者的"左膀右臂"就是其核心成员。智囊包括学院派的智囊和江湖派的智囊。生活团队里有家人和朋友，家人可以分为小家庭和大家庭，朋友包括一般的朋友和"微量元素"型的朋友。

管理好团队的第二个要点是领导者一定要学会包容和换位思考。情商对于领导者来说是非常重要的，换位思考就是情商的一个维度。换位思考就是能够站在别人的角度来考虑问题，比如一个企业家要站在客户的角度来考虑产品和服务的特点，满足客户的需求；要站在员工的角度来考虑员工的特点和利益诉求，助力员工的职业发展；要站在政府的角度来考虑企业的发展，帮助政府实现社会管理的目标；要站在供应商的角度来考虑供应商的需求，合理分配企业和供应商之间的利益；要站在社会的角度来考虑社会公众的需求、所在社区的民众的需求，做一个好公民，对当地的环境和人民的发展提供力所能及的帮助。

第三个"好"是管理好组织。领导者需要深入认识组织的本质，组建好组织队伍，做到"见树又见林"，拥有看清复杂系统的能力，掌握必要的组织管理的理论、方法和工具，建立良好的软实力和硬实力的系统，使组织既能达成现有的目标，保持内外部的稳定，又能不断发展和成长。总之，管理好组织就是要建立一个健康的和可持续发展的组织，为社会创造良好的效益。

值得一提的是，随着社会的发展，效益的含义在不断地扩展。Archbugi 和 Njkamp 编辑出版了一本书 *Economy and Ecology : Towards Sustainable Development*，在书中通过一些作者撰写的章节阐述了如何达到经济（economy）和生态（ecology）两方面效益兼顾的思想，也有人将其称为双 E 策略（double E）。Elkington 等西方学者提出了三重底线（triple bottom line）的思想，分别是经济效益、社会效益和环境效益，还有人在此基础上进一步提出了三个"P"的效益指标，第一个"P"是"profit"，组织要取得经济效益、要盈利；第二个"P"是"people"，组织要助力员工的发展成长，为所在社区的民众带来福祉；第三个"P"是"planet"，组织要为保护地球的自然环境做出贡献。

笔者认为在"planet"方面，组织既应该考虑对地球上生物多样性的保护，也要考虑对地球上文化多样性的保护。生物的多样性可以使地球的生态系统保持健康，文化的多样性可以使地球上不同的国家、不同的种族保持其独特的文化，不同的文化互相补充、相得益彰，对人类的生存发展起到重要作用。如果地球上只有人类这一种生物，人类是不可能生存发展下去的。同样，如果地球上只有一种文化，人类社会也是难以维系的。随着环境的改变，人们需要采取不同的应对环境的方式，只有保持文化的多样性，人类才有能力应对不同的变化。社会学家费孝通曾提出"各美其美，美人之美，美美与共，天下大同"。世界各国都有自己的文化，我们在保护各自文化的同时，还要"美人之美"，欣赏和我们不一样的文化，让不同的文化能够共存，最后实现天下的大同。"大同"的意思并不是完全一致，而是既有共同点，也有差异，互相之间求同存异。世界的各个民族、各个文化都各守其道，同时又进行良性的互动交流、互相促进，就能维持世界的和平和可持续发展。这是人类发展的梦想。

因此，不同文化之间可以交流，但不能完全同质化。对组织而言，保护自然环境、生物的多样性和文化的多样性，是非常重要的。比如一家捕捞行业的企业，如果大量捕捞海水或河水里的某种生物，可能会导致该物种消失。所以捕捞行业需要有限地进行捕捞活动，从而维持生物的多样性。

食品企业在将食品推向全世界的时候，推广得越多，盈利越多，但对全球饮食文化多样性的损害越大。所以，采取适当的行动维持生物的多样性和文化的多样性，不仅仅是企业的责任，也是政府和公共事业部门的责任。

当然，以上讨论的组织是狭义的，将组织定位在一个相对较小的范围。实际上，从广义来看，组织可以是一个地区、一个县市、一个省、一个国家，甚至是全世界。如果在这些更广义的程度上来讨论领导的成效，那么将会有更丰富的内容。

下面用一个实例来阐述领导者在管理好自己、管理好团队和管理好组织三个方面取得的成效。

G爆破科技股份有限公司（以下简称"G公司"）创立于2004年，并于2017年在新三板挂牌上市，是广东爆破工程领域的标杆企业。G公司现有爆破工程技术人员近300人，其业务包括矿山爆破、隧道爆破、水下炸礁、特种爆破等爆破工程的设计施工、安全评估、安全监理以及市政工程、建筑工程的建设等。

从空间视角的层次方面评价G公司的领导者的成效主要包括三个方面：管理"好"自己，管理"好"团队，管理"好"组织。

（1）管理"好"自己方面

G公司的领导者重视自我成长，不断学习以提高自身的管理水平，并且善于管理个人风险，从而为团队、组织更好地贡献力量。公司的领导者从曾国藩的家书中学习到做事要认真、生活中要有仪式感、要保持"如鼎之镇"的身体和"如日之升"的精神。其中，身体的健康、精神的饱满是一个人能够做好工作的前提。他还从阳明心学中体会到知行合一、内心强大的重要性；从毛泽东的《矛盾论》中体会到要遵循主要矛盾和次要矛盾的解决次序；从毛泽东"政治就是把支持我们的人搞得多多的，把反对我们的人搞得少少的"和"军民团结如一人，试看天下谁能敌"的论述中体会到思想统一、团结一致的重要性，等等。

（2）管理"好"团队方面

G公司的领导者采取有效的措施激励中层干部，并鼓励中层干部之间的知识和经验的互相分享。公司的领导者不仅自己广泛阅读书籍，还向中层干部推荐、赠送这些书籍，并通过不定期的会议、讲座等形式向管理团队分享自己的看法，并促进管理团队内部关于管理思想的分享和交流。他还让中层干部共同学习《大学》这本书，每日都要在系统上学习打卡。公司每个月都会举行经营管理分析会，各个部门在会上分析三年来本部门的经营管理情况、费用情况、会议情况等。每月一次的会议也保证了管理团队可以定期沟通、利用集体智慧解决复杂的问题，并提升管理团队成员之间的凝聚力和目标的一致性。

（3）管理"好"组织方面

G公司的领导者通过建立良好的软实力和硬实力的系统，让组织可持续发展，保障员工的安全和健康，并为社会创造良好的效益。在爆破行业中，安全有一票否决权。因此，公司的领导者十分重视对安全的保障。除了员工上岗前需要经历入职培训和岗前培训外，公司还有丰富的日常培训、完善的会议制度、项目管理制度等。譬如：每个项目开工前都有安全交底培训；每日的项目早班会上都会宣读相关的规章制度；每日晚上的项目总结会上，班组长会对今日违反安全规定的员工提出批评；组织的安全管理部每个月都会组织安全培训和安全生产工作会议，总结反思近期行业内的安全事故；项目管理采用PDCA循环（计划、执行、检查、处理），归纳总结已完成项目的经验教训，等等。针对基层员工学历水平普遍较低、国家法律法规和主管部门的规章制度等又较为生涩难懂的情况，公司的相关部门会将这些法律法规和规章制度编制为通俗易懂的顺口溜，要求员工背诵。此外，公司的薪资和处罚制度也提高了员工对安全的重视。譬如员工的工资构成中专门有一项是安全奖，如果员工违反了一次安全规定，这一部分工资就会被全部扣除，甚至其项目经理、部门领导班子都会有连带处罚。上述举措保障了爆破工作的安全性，为组织的可持续发展、员工的安全和健康保驾护航，公司也很好地承接了埃克森美孚惠州乙烯项目场地平整工程、中广核广东核电厂一期工程场平工程等重大项目的爆破施工，获得了合作方、行业、政府的赞誉。

G 公司的领导者还十分重视员工的职业发展，其用人理念是"让想做事的人有机会，让能做事的人有平台，让做成事的人有认可"。譬如，新员工入职后会在老员工带领下工作半年；愿意给员工试错的机会，注重实干和奋斗，不论资排辈。公司还经常关注员工的精神状态和生活状况，通过技术改进、换班等方式降低员工的劳动强度，还为员工购买了意外险。公司企业文化中的"八正道"也为员工更好地发展职业生涯提供了很好的指导。八正道分别是正命、正业、正念、正见、正思、正语、正定、正勤。其中，正命是指演好当下角色，知道自己该做什么；正业是指对目的持续给予注意力；正念是指目标清晰并投入百分百的意愿；正见是指确定目标、职业生涯规划以及人生境界；正思是指坚持住目标；正语是指传递对实现目标有用的正能量话语；正定是指保持正确的源头状态；正勤是指在目标下每天都要有所行动。

除了组织内部的员工，G 公司的领导者也关注环保和爆破项目对周围百姓的福祉。譬如：投入研发和使用数码雷管等创新和环保的民爆器材，进一步提高爆破工作的安全性；校企合作研究爆破的计算机模拟、大块粒控制、精准爆破等，减少爆破的粉尘和飞石，并获得了多项专利；少量多次地使用炸药降低爆炸的分贝，减少对周围百姓的干扰，等等。

G 公司的硬实力系统除了具有上述的先进的民爆器材和专利外，还有经验丰富的爆破高级工程师，在项目签订之前，爆破高级工程师可以帮助项目小组勘察现场，提供相应的技术支持。在项目实施过程中，项目小组遇到一般的技术人员无法处理的情况时，或者环境比较复杂、需要更多资源支持时，爆破高级工程师就会亲自到达现场指导作业。公司在经营中也积累了较为雄厚的财力，可以妥善解决项目小组需要垫资开工等情况。

G 公司的领导者创建的软实力系统和硬实力系统让组织取得了良好的经济效益，助力了员工的职业发展，为百姓带来了福祉，也为环境保护做出了贡献。公司承接的各个爆破工程项目也都保质保量按时完成，得到了社会各界的一致赞誉，G 公司也成了广东爆破工程领域的标杆企业。

8.2　空间维度的领导成效

从空间维度评价领导者的成效主要包括两个"强大"。

第一个是在各个层次上建立"强大"的软实力，第二个是在各个层次上建立"强大"的硬实力。

在管理好自己方面，可以从领导者自身的软实力和硬实力的发展来评价领导者的成效。在软实力的发展方面，第一，领导者是否形成了正确的目标和方法体系；第二，领导者是否形成了一套行之有效的利益和权力的分配体系；第三，领导者是否形成了良好的信仰和价值观体系。在软实力的这几个方面，领导者应该在领导职业发展过程中不断地精进，不断地成长。

硬实力的发展主要体现在人、财、物方面。对领导者自身而言，"人"指的是领导者是否让自己成为良好的人力资本，成为组织、国家的正资产，而不是负债。"财"指的是领导者是否做到了"君子爱财，取之有道"以及"君子散财，散之有道"，也就是按照正确的方式获得该得的财富，并按照正确的方式把财富给予正确的人。例如企业家做慈善，把财富捐给大众和社会也要把握一定的原则，否则社会中就会出现更多懒人和闲人，磨灭人的斗志。"物"指的是领导者是否掌握了符合社会发展的相关技术和知识，使其能够在不断变化的环境中有效地工作。

在管理好团队方面，可以从团队的软实力和硬实力的发展来评价领导者的成效。团队的软实力指的是在领导者的领导下，团队是否建立了正确的目标和方法体系，是否形成了团队内部合理的利益和权力分配机制，以及是否建立了良好的信仰和价值观体系。比如，衡量中国女排总教练在管理女排团队的软实力时，就是看他是否能够让女排队员具有崇高的目标和追求，是否能够让女排团队拥有一套行之有效的训练方法和获得比赛胜利的打法，以及是否能够在团队内部建立利益共享的机制和群策群力的机制。当然最重要的是女排总教练能够让女排团队拥有强大的信仰和形成良好的价值体系。从这个意义上说，中国女排五连冠对中国的影响不仅体现在她们拿到了冠军，为中国争得了荣誉，而且也体现在她们身上的女排精神，对各行各业的人都是极大的鼓舞。

从团队的硬实力来评价领导者的成效指的是在领导者的领导下，团队是否形成了一支能打胜仗的队伍，是否获得了必要的财力支持，是否掌握了先进的科技手段，是否取得了荣誉等。

在管理好组织方面，可以从组织的软实力和硬实力的发展来评价领导者的成效。从软实力的发展方面来说，在领导者的领导下，组织是否建立了一套有效的、正确的目标和发展之道，是否建立了具有强大竞争力的利益和权力分配机制，是否形成了组织成员能够共同遵循的、能够给组织成员带来激励的信仰和价值观体系，即我们常说的精神文明建设。"君子爱财，取之有道"，尽管组织要盈利，但盈的应该是正确的利益。同样的资金可以投资到不同的产品上，有的产品是环保的，有益于人的身体健康，即使这些产品的投资回报率低，组织也要去投资；有的产品可能对社会发展产生负面作用，即使这些产品的利润率高，组织也要坚持不投。也就是说，组织不应该以利益多少作为唯一的投资标准，而应该坚守某种准则和价值观。组织拥有正确的价值观非常重要，因为长远来看，正确的价值观能够帮助组织可持续成长。

组织的硬实力的发展包括人、财、物等方面的发展。对组织而言，"人"方面的发展就是领导者是否建立和发展了一支高素质的人才队伍，"财"方面的发展就是领导者是否带领组织取得成就，"物"方面的发展就是组织是否具有强大的科技实力等。组织取得的财务绩效无疑是评价组织硬实力的一个重要标准，但是对组织硬实力的评价还应该包括组织对环境的保护，包括对生物多样性、文化多样性的保护等，前者是经济效应，后者是社会效应。

下面用一个实例来阐述领导者如何在软实力和硬实力方面取得成效。

X 航空公司（以下简称"X 公司"）成立于 1984 年，作为中国首家按现代企业制度进行运营的航空公司，X 公司一直致力于保证航空安全、提升服务品质。多年的持续发展使其成为中国民航保持盈利时间最长的航空公司。X 公司是改革开放以来民航发展的一个缩影，经历了从无到有、从小到大的发展历程。1983 年 10 月，厦门高崎国际机场开通了厦门到上海的航线，这是国内首家冠以"国际"的民用机场。1984 年 7 月，中国民用航空局和福建省政府合资创办并成立了 X 公司。在初创时期，公司的所有工作都要从零开始，刚成立的第一年还没有飞机，公司连带机场都是通过国际贷款建设的，第二年飞机才起飞，第三年就实现了盈利。随后在时代的浪潮下，公司艰苦奋斗、勇于创新，1993 年公司成为行业标杆。如今，X 公司已成为中国第五大航空集团，拥有 218 架飞机，同时也引进了 12 架最先进的 787 飞机，成为中国民航业发展的缩影。

全球新冠肺炎疫情对航空业的市场造成了巨大的冲击，同时中国民航上下游的各个行业，如航油、航材等，面临着行业的巨大风险和韧性不足的问题，X 公司为国家大局着想，群策群力，取得了良好的成效，并维持了 30 多年盈利的记录。

（1）建立强大的软实力方面

● 目标和方法系统

X 公司一直强调"稳"，聚焦主业，发展的愿景是"绩效卓越，行稳致远"。公司建立了"双引擎、四系统"立体交互的质量管理模式。其中，"双引擎"，一个是文化的引擎，一个是机制的引擎，"四系统"包括安全、服务、运行和效益。公司不断着力转型创新，致力于完成"帮助更多的人行走天下"的使命。

为了应对新冠肺炎疫情带来的挑战，X 公司成立了防疫办和相关的部门构成的应急办公室。随着防疫常态化后，公司成立了常态化的机构和组织。此外，还建立了专门的应对疫情体系，董事长倡议建立"4+3+2"的疫情防疫体系。其中，"4"是指 4 道防线，包括境外防线、入境防线、地面防线和后勤保障；"3"是指 3 个责任主体，包括指挥主体、防线主体和监督检查主体；"2"是指 2 个重点的防控应急体系，包括单点突破应急体系和多点突破应急体系。针对员工在疫情方面的操作，公司还公布了一般操作标准和严重操作标准，倡导安全管理，并制定相关的手册，加入公司的总手册中，不断完善整个体系。党委会、疫情防控小组会和具体的生产经营会，三会合一，提出了"战疫保盈利、促发展"的47条具体的措施，确立了对内要"挖潜力，抓收益，缩减开支"的指导思想，包括盘活以及提质增效的具体举措。

在员工的管理方面，X公司倡导"严管厚爱"，其中"严管"更多体现在工作安全和规章制度方面，"厚爱"更多体现在生活及个人情绪上。例如，疫情期间飞行员即使没有航班要飞，开会的时候也要求穿飞行员制服，但对于隔离的飞行员，公司会尽量满足其需求，例如餐食保障、住宿环境、精神需求等，硬件软件条件尽量保障。在疫情期间，公司领导一直强调人文关怀，工会专门成立组织机构，给员工送温暖，包括物资的采购配送。面临航班量骤减、空勤人员运行实力过剩的问题，公司顶着管理上的压力，进行各类安抚和疏导工作，同时给予薪酬上的补贴，以弥补相关员工的收入锐减问题。总体而言，一方面要求所有员工遵守国家和地方的防疫规则和政策，另一方面采取措施对员工关怀和关爱。例如对于员工的心理不适，公司有不错的举措，一是提供了心理咨询热线，二是定期举办活动，如网上读书会、网上健身教练等。

企业的目标和方法系统在制度的保障下进行落实，并用PDCA不断进行更新和改进，加强时效性。新时代浪潮下，董事长提出了"三化"的战略，具体包括轻资产化、数字化、大众化，以创新模式延伸相关服务产业，拓展大众客户群体，打造新的利润增长点。

● 利益和权利系统

在利益和权利系统方面，X公司在疫情期间寻找三方股东增资，2020年增资40亿元，这是成立以来最大的增资。此外，为了提升组织绩效，2020年公司还提出了人事改革，包括组织干部员工激励的19条人事改革条款。还比如，乘务部对于员工服务的绩效评价体系进行了调整，重新划分了服务范畴和规范，确定在正常规范之外的延伸服务会给个人较大的奖励和加分。在疫情期间，公司还出台了很多关于人事方面的组织措施，比如员工可以休健康假，每人每月可以收到1800元的基本工资等。

● 信仰和价值观系统

X 公司建立了"双引擎、四系统"立体交互的质量管理模式，其中，"双引擎"之一是文化引擎。在文化引擎中，公司建立了"诚信、坚毅、和谐、精进"的核心价值观，坚持"以人为本、以诚为本、以客为尊"的文化。在管理上提出"家文化"，通过传帮带的方式进行文化的传承。公司对干部的要求是"忠诚担当、开拓创新、德才兼备、承前启后、清正廉洁"，其中"承前启后"很重要，使公司的文化能够传承和传播。公司还强调品牌价值引领，譬如公司和联合国合作开展可持续发展项目，以践行可持续发展的理念。

总体上，下面的六大思维对 X 公司的发展起到了重要的作用。第一是战略思维，明确一个方向，树立全局眼光。第二是辩证思维，在疫情防控初期，不计代价落实相关防疫政策，后期高效争夺，例如客改货（客机改为货机）。第三是历史思维，公司讲究传承，在新冠肺炎疫情一开始，公司就根据非典时期的专项研究，做了数据模型，对它的潜伏期、爆发期、高峰期和衰退期做了研究，进而对每一步的经营进行规划。第四是创新思维，对公司来说，就是敢想敢做，最大体现为客改货的决定。第五是法治思维，强调越是到吃紧的时候越要坚持依法防控。第六是底线思维，保证公司高质量的政策落地。总的来说，战略思维定方向，辩证思维看问题，历史思维做方案，创新思维抓落实，法治思维保安全，底线思维稳质量。

（2）建立强大的硬实力方面

● 人力系统

在发展过程中，X 公司不断优化人员结构，提高人才整体素质，为企业的稳健发展提供了有力的人力保障。从 2012 年起，公司实施了"名校百人"计划，面向国内 985 院校以及世界排名前 200 名的境外院校招收高素质人才，全面对标"现代化、集团化、国际化"的战略目标，实现人才升级的"三个加法"：第一，加大对专业技术岗位的重点保障，专业技术岗位主要布局在客货营销、地面服务、技术维修等岗位；第二，加大对分子公司新员工的统筹配置；第三，加大对营销、服务等岗位的外语人才配备。这促进了公司多元化、高素质的人才结构建设。

● 财力系统

在财力系统方面，X公司自1987年以来，已经实现连续30多年的盈利。

在营销业务上，X公司提出了"保线才飞，保线敢飞"，即在确保成本不变的情况下才去飞，有现金流才敢飞，精确到每一个具体航班测算保本点，运用数学的计算方法提高航班的利用率，保障现金流的充盈。

在整合产业结构方面，X公司优化产业布局，节省成本，包括整合旗下的零售电商平台，成立了新零售事业组，减少成本，探索新的利润增长点。例如，公司要求配餐部"多变多干"，进行业务拓展，以增加现金流。如利用配餐部的生产能力为地面提供团餐服务，进行地面面包销售以及开线下门店等方面的尝试，最终配餐部完成1200多万元的收入。又譬如，面临客座率低、货运需求量大的问题，公司较早地进行"客改货"，先行先试，把国际航班客机改为货机，调集运力直接拉货，2020年"客改货"的航班一共有1500班，在国家改革国内大循环的背景下，2020年货运的收入达到8个多亿。又如，在福建省发生疫情后，由于总部飞机不能飞行，X公司让公司已飞往外地的飞机在没有疫情的省市继续运营，保证了除福建省之外的航班的运营，充分运用已有的航空运力，为公司的盈利发挥了重要作用。

● 物力系统

疫情期间，在外防输入病例上，X公司的数字化转型委员会负责开发系统，将旅客的体温、订票等信息和旅客下飞机后的相关信息连接起来，打通了数据采集、数据分析和场景应用等环节，通过数字化智能转型，成功应对了当时信息度不高所带来的问题。

在具体业务方面，运行部门有一系列领先的技术。X公司在20世纪90年代最早做了中国民航很多新的系统，比如对航班的飞行监控系统，整体技术能力比较强，所以在全球各地，公司整体性的监控非常实时高效。在机务维修的领域，公司的数字化能力较强，787飞机进入中国之后，整个系统的本地化，都是公司的团队帮助波音公司完成的。公司还对飞机发动机的润滑油进行实时监测，这反过来指导了它的发动机制造。有一次北京到南昌的航班，飞机本身没有识别出润滑油的问题，没有办法反映给飞行员，但是地面的监测系统监测到了润滑油发生了不正常的变化，立即通知班组进行备降，成功避免了发动机在空中停止工作的严重事故，公司也因此获得了全球安全大奖。

X公司的营销委员会拥有中国民航企业中独特的两个部，一个是智能系统部，一个是数字营销部。其中，数字营销部所使用的智能系统具有全球领先的技术，被称为启航的航班编排系统。航班的编排系统有非常多的参数和维度，这个系统可以在8到10分钟内将这些因素进行综合考虑，最后对航班的飞行从经济性、安全性、运行的高效率和客户的满意度等维度得出一个最优解。此外，公司还有一系列的收益管理系统、运价管理系统等。另外，对于旅客能够使用到的数字化便捷平台，公司也延展到新媒体领域，比如数字营销部针对旅客的线上数字化转型构建了三个团队模式，一个是以数字为核心的电商策划团队；一个是以零售为核心的销售团队，也就是把航空的销售服务保障和服务交互变成零售商品，在线上可以直接交互；还有以社交为核心的新媒体团队，他们会在社交媒体上和客户互动。这一系列的科技管理的能力，给公司带来更科学合理的决策，也为旅客提供更便捷的、更多元化的服务。总体上来说，公司的数字化包括两种，一种是科技系统，另一种是经营系统。目前公司已建成一千多个内部使用的数字化系统。

8.3　时间动态的领导成效

从时间评价领导者的成效主要包括三个"对得起"。

第一个是"对得起"过去，第二个是"对得起"现在，第三个是"对得起"未来。

第一个是领导者的所作所为和结果能够"对得起"过去，也就是对得起历史。所谓对得起历史，就是领导者传承了前人优秀的价值和文化，而且把它们发扬光大。比如，当代同仁堂领导者把始于康熙年间的"同修仁德，济世养生"的精神传承了下来。又如历经百年的胡庆余堂，它的名字来自《周易》的文言传中"积善之家，必有余庆"这句话，胡庆余堂现在的领导者也把这种精神和"真不二价"的做法传承了下来。中国制定《中华人民共和国中医药法》来保护传统，也属于对得起过去。

第二个是要"对得起"现在。作为组织的领导者，要能够解决当下面临的问题。比如中国政府领导人就提出"人民对美好生活的向往，就是我们的奋斗目标"，中国已经完成了新时代脱贫攻坚目标任务，解决了占全世界人口20%的人的吃饭问题。除了解决生活问题，中国政府领导人还在解决医疗问题，例如为农村人口解决医疗保险的问题，以及解决教育问题，例如保障九年义务教育、增加民办大学、加强对教育的投入等。

第三个是要"对得起"未来。组织领导者尽管有任期，主要是对任期内的事情负责，但是从时空的思想来看，领导者应该要为组织未来的发展打下良好的基础，包括建立一套良好的组织运行体系、良好的组织文化、良好的组织基因，使组织未来的发展有良好的保障。

"对得起"未来还意味着"有所为而有所不为"。领导者既要授人以鱼，也要授人以渔。"有所为"指的是领导者要在组织内部建立学习和创新的机制，使组织具有应对未来变化的能力，为组织未来发展保存良好的自然资源、知识资源和文化资源，进而建立良好的制度文化和基因，还要建立良好的组织运行机制。所谓"有所不为"，就是领导者要为今后人类的发展留下余地，要为子孙后代的发展留下空间。

下面用一个实例来阐述领导者如何在时间视角上的三个"对得起"方面取得成效。

B汽车股份有限公司（以下简称"B公司"）创立于1996年，并于1998年在上海证券交易所上市，是一家国有控股上市公司。B公司现有员工数万人，产品涵盖轻型卡车、中型卡车、重型卡车、轻型客车、大中型卡车和核心零部件发动机等，产品出口至80多个国家和地区，累计汽车销量已突破 1000 万辆，在商用车企业中处于世界领先地位。

2014 年，考虑到商用车行业大幅度下滑，乘用车行业蓬勃发展，B 公司和宝沃达成战略合作协议，并于 2016 年成立宝沃全资子公司。但进入乘用车行业这一决定并没有逆转公司发展减缓的趋势，反而让公司经历了大幅亏损。2017 年末，公司更换了领导班子。新上任的领导班子提出"聚焦价值，精益运营"的核心经营理念，剥离了乘用车业务和一些效益不佳的商用车业务，并迅速推动了一系列组织变革。这些组织变革的内容覆盖战略目标、组织结构、流程制度、薪酬体系、授权机制、企业文化、数字化等，并成功让公司业绩扭亏为盈，重回国内商用车行业第一的位置。

从时间视角评价 B 公司的领导者的成效主要包括三个方面："对得起"过去、"对得起"现在和"对得起"未来。

（1）在"对得起"过去方面

在领导组织变革的过程中，B 公司创新变革的基因得到了传承和发扬。公司的领导者认为公司自创立至今一直具有的创新变革的基因对这些组织变革的成功开展有着重要的作用。特别是在数字化变革的过程中，许多员工必须转变思维和行为方式。譬如，研发人员需要学习并使用 3D 绘图，这对于在手工绘图领域十分精通的、年龄较大的研发人员来说无疑是一个巨大的挑战。但是，在了解了数字化变革对公司的重要意义之后，研发人员都积极投入新技术的学习和应用中，提高了汽车研发的精确性，从而为公司带来更大的经济效益。公司信息化部门的员工也不断学习和创新，以适应数字化变革对技能提升的要求，为公司的组织变革提供关键的技术支持。数字化改造后的工厂中的员工也快速学习和掌握新的操作技能，并根据更加自动化和智能化的生产调整相关的管理方式。

另外，B 公司的领导者也通过一些举措表达了对由于组织变革而产生职位变动的员工的关怀。譬如，公司大幅度精简了层级，减少了将近 50% 的干部人员，包括基层的科室领导、中高层的总助和总监等。对于这些曾经为公司的发展贡献过力量的员工的职业变动，公司采用了"软着陆"的方法。譬如，一些员工从"管理岗"平转至"专业岗"，可以保持一段时间的待遇不变。公司还成立了专家中心，对于一定级别以上的干部授予"专家"的称号，并给予相应的津贴。尽管公司进行了一系列组织变革，但这些组织变革仍然继承了公司创业至今的、优秀的创新基因和对人关怀的企业文化传统。

（2）在"对得起"现在方面

B公司的领导者根据当前面临的问题和发展趋势，通过一系列组织变革，很好地改善了公司的经营情况。改造和建设数字化工厂、进行产品开发的模块化和标准化变革、提高供应商准入条件和质量审核标准、招聘复合型人才等举措提升了公司的产品质量，降低了制造成本和服务成本，公司的市场占有率和客户满意度也不断提高。从2017年至2019年，公司的汽车销售量提高了近30万辆，并于2021年实现累计汽车销量突破1000万辆。

B公司的组织变革也解决了员工缺乏工作自驱力等问题。公司进行了薪酬体系和授权机制的变革，譬如采用提成制和重点项目激励机制，加强纵向层级和横向部门的关联，强调利益共同体的理念，提高员工的福利保障，完善员工的培训体系，并强调对员工的授权，实现自我驱动。此外，公司还经常奖励践行企业文化和价值观的员工，譬如评选"最美奋斗者"，为"营销战狼"提供更专业化的营销培训等。从而，公司员工的劳动效率和人均收入有了大幅度的提升，工作积极性高涨，信念感和使命感大大增强。

B公司还积极参加承担当前国家面临的重大任务。譬如，在2019年国庆70周年阅兵中，公司专门生产了汽车担任致敬方队的礼宾车、群众游行中的主题彩车、和平鸽和烟花装置的运输车等；在2020年湖北新冠肺炎疫情暴发时，公司接到国家工信部的负压救护车排产需求后，数百名员工组成生产突击队，按时赶制负压救护车支援抗疫一线；在2021年河南暴雨中，公司也向受灾车辆提供了救援。

（3）在"对得起"未来方面

B公司的领导者成立了重大项目办公室，负责跟踪研究国家今后的政策方针和行业动向，从而更好地为国家今后的发展服务。公司还加强同大学和研究机构等的合作，这些使得公司能够更好地把握未来的发展方向，并获得国家的资金支持和学界的技术支持。考虑到维持可持续的竞争优势，公司加强了对电池、控制系统等核心零部件和技术的研发。此外，考虑到今后可能出现的传统能源资源短缺、价格上涨等情况，公司加大了对新能源汽车，包括纯电动汽车、氢能源汽车和混合动力汽车的研发投入，这也响应了中国在 2030 年前实现碳达峰、2060 年前实现碳中和的目标。这些举措也已初具成效，譬如，在 2022 年北京冬奥会中，公司就有超过 500 辆氢燃料客车负责保障运动员和工作人员的日常接送，体现了冬奥会低碳环保的理念。公司一直在为促进自然环境和人类社会的可持续发展做出自己的贡献。

延 伸 阅 读

1.《黄帝内经》中关于管理好个人健康的阐述

《黄帝内经》① 中的"素问·上古天真论"

原文：

昔在黄帝，生而神灵，弱而能言，幼而徇齐，长而敦敏，成而登天。

乃问于天师曰：余闻上古之人，春秋皆度百岁，而动作不衰；今时之人，年半百而动作皆衰者。时世异耶？人将失之耶？

岐伯对曰：上古之人，其知道者，法于阴阳，和于术数，食饮有节，起居有常，不妄作劳，故能形与神俱，而尽终其天年，度百岁乃去。今时之人不然也，以酒为浆，以妄为常，醉以入房，以欲竭其精，以耗散其真。不知持满，不时御神，务快其心，逆于生乐，起居无节，故半百而衰也。

夫上古圣人之教也，下皆为之。虚邪贼风，避之有时，恬

---

① 姚春鹏，译注 . 黄帝内经（全二册）：中华经典名著全本全注全译丛书 [M]. 北京：中华书局，2010.

恬虚无，真气从之，精神内守，病安从来？是以志闲而少欲，心安而不惧，形劳而不倦。气从以顺，各从其欲，皆得所愿。故美其食，任其服，乐其俗，高下不相慕，其民故自朴。是以嗜欲不能劳其目，淫邪不能惑其心。愚智贤不肖，不惧于物，故合于道。所以能年皆度百岁而动作不衰者，以其德全不危故也。

......

黄帝曰：余闻上古有真人者，提挈天地，把握阴阳。呼吸精气，独立守神，肌肉若一。故能寿敝天地，无有终时。此其道生。

中古之时，有至人者，淳德全道，和于阴阳。调于四时，去世离俗。积精全神，游行天地之间，视听八达之外。此盖益其寿命而强者也。亦归于真人。

其次有圣人者，处天地之和，从八风之理，适嗜欲于世俗之间，无恚嗔之心。行不欲离于世，举不欲观于俗。外不劳形于事，内无思想之患。以恬愉为务，以自得为功。形体不敝，精神不散，亦可以百数。

其次有贤人者，法则天地，象似日月。辩列星辰，逆从阴阳。分别四时，将从上古。合同于道，亦可使益寿而有极时。

译文：

古代的轩辕黄帝，生来就异常聪明，小时候就善于言辞，很小的时候就对事物有着敏锐的洞察力，长大后，敦厚朴实而又勤勉努力，到了成年就登上了天子位。

黄帝问岐伯道：我听说上古时代的人，年龄都超过了百岁，但行动没有衰老的迹象；现在的人，年龄到五十岁，动作就显得衰老了。这是时代的不同呢？还是人们违背了养生之道的缘故呢？

岐伯回答说：上古时代的人，大都懂得养生之道，取法天地阴阳的变化规律，用保养精气的方法来调和，饮食有节制，起居有规律，不过分劳作，所以形体和精神能够协调统一，享尽自然的寿命，度过百岁才离开世间。现在的人就不同了，把浓酒当作甘泉无节制地贪饮，把任意妄为当作生活的常态，醉后还勉强行房，纵情声色，以致精气衰竭，真气耗散。不懂得保持精气的盈满，不明白节省精神，一味追求感官快乐，违背了生命的真正乐趣，起居没有规律，所以五十岁左右就衰老了。

上古时期，对通晓养生之道的圣人的教诲，人们都能遵守。对于四时不正之气，能够及时回避，思想上清静安闲，无欲无求，真气深藏顺从，精神持守于内而不耗散，这样，疾病怎么会发生呢？所以他们心志闲淑，私欲很少，心情安宁，没有恐惧，形体虽然劳动，但不过分疲倦。真气从容和顺，每个人的希望和要求，都能满足。无论吃什么都觉得甜美，穿什么都觉得漂亮，喜欢社会习俗，互相之间也不羡慕地位的高低，人们日渐变得自然朴实。所以过度的嗜好，不会干扰他的视听，淫乱邪说也不会惑乱他的心志。无论愚笨聪明有能力无能力的，都不追求酒色等身外之物，所以合于养生之道。因而他们都能够度过百岁而动作不衰老，这是因为他们的养生之道完备而无偏颇的缘故。

……

黄帝说：我听说上古时代有真人，他能与天地阴阳自然消长变化的规律同步，自由地呼吸天地之间的精气，来保守精神，身体与精神合而为一。所以寿命就与天地相当，没有终了之时。这就是因得道而长生。

中古时代有至人，他道德淳朴完美，符合天地阴阳的变化。适应四时气候的变迁，避开世俗的喧闹。聚精会神，悠游于天地之间，所见所闻，能够广及八方荒远之外。这就是能够延长寿命，身体强健的人。这种人也属于真人。

其次有圣人，能够安居平和的天地之间，顺从八风的变化规律，调整自己的爱好以适合世俗习惯，从来不生气。行为不脱离世俗，但举动又不仿效世俗而保有自己独特的风格。在外不使身体为事务所劳，在内不使思想有过重负担。以清静愉悦为本务，以悠然自得为目的。所以形体毫不衰老，精神也不耗散，年寿也可以达到百岁。

其次有贤人，能效法天地的变化，取象日月的升降。分辨星辰的运行，顺从阴阳的消长。根据四时气候的变化来调养身体，追随上古真人，以求合于养生之道，这样，也可以延长寿命而接近自然的天寿。

2.《孙子兵法》中关于在空间视角不同层次上获胜的阐述

《孙子兵法》（谋攻篇）从"战"的视角提出了在空间层次上可以实现人类组织生存的目标和境界。

《孙子兵法》（谋攻篇）①

原文：

孙子曰：凡用兵之法：全国为上，破国次之；全军为上，破军次之；全旅为上，破旅次之；全卒为上，破卒次之；全伍为上，破伍次之。是故百战百胜，非善之善者也；不战而屈人之兵，善之善者也。

译文：

孙子说：用兵的一般规律是：使敌人城邑完整地向我们投降，我们不战而胜，这是上策，攻破敌人的城邑而取得胜利，这是下策；使敌人的一个军完整地向我们投降是上策，击破一个军则为下策；

① 陈曦，译注.孙子兵法：中华经典名著全本全注全译丛书 [M].北京：中华书局，2011.

使敌人的一个旅完整地向我们投降是上策，击破一个旅则为下策；

使敌人的一个卒完整地向我们投降是上策，击破一个卒则为下策；

使敌人的一个伍完整地向我们投降是上策，击破一个伍则为下策。

所以，百战百胜，不算是高明之中最高明的；不经交战而使敌人屈服，才是高明之中最高明的。

3. 费孝通先生关于全人类和谐共生的阐述

社会学家费孝通从"和"的视角提出了在空间层次上人类可以实现和谐共生的目标和境界。

费孝通曾用"各美其美，美人之美，美美与共，天下大同"来描述世界各个国家和民族组成的最高层次的组织——整个人类社会和谐共生的状态。这段话的内涵是：每个国家和民族要欣赏自己创造的美，还要包容和欣赏别的国家和民族创造的美，而且还能使不同的国家和民族的美互相映衬，从而实现理想中的大同之美。

4. GB/T19580《卓越绩效评价准则》中关于组织不同维度绩效评价的阐述

GB/T19580《卓越绩效评价准则》[①]为组织领导者提供了组织卓越绩效的多维度的评价标准和依据。《卓越绩效评价准则》共包含七个条目，分别是"领导""战略""顾客与市场""资源""过程管理""经营结果""测量、分析与改进"。

在领导方面，《卓越绩效评价准则》考虑了高层领导在以下几个方面的作用：确定和落实组织的使命、愿景和价值观；促进员工沟通；营造适宜的环境；提高产品质量和服务水平；培养领导者；改进组织以实现战略目标等。组织还要重视履行公共责任、实行道德行为和支持公益事业等社会责任方面。

---

① 中华人民共和国国家质量监督检验检疫总局，中国国家标准化管理委员会．卓越绩效评价准则：GB/T 19580—2012[S]．北京：中国标准出版社，2012．

在战略方面，《卓越绩效评价准则》同时考虑了组织的长期和短期计划，并强调根据例如经济、社会、道德、法律法规、顾客和市场等方面的环境因素的变化调整和落实组织的战略目标。

在顾客与市场方面，《卓越绩效评价准则》考虑了组织对顾客和市场的需求的了解、与顾客建立长期关系、通过创新等方式提高顾客满意度等维度。

在资源方面，《卓越绩效评价准则》考虑了组织的人力资源、财务资源、信息和知识资源、技术资源、基础设施和相关方关系等维度。每个维度也有细分的子维度，例如在人力资源维度中，强调员工的绩效管理、学习与发展、权益和满意度等。

在过程管理方面，《卓越绩效评价准则》考虑了过程的识别、要求的确定、设计、实施和改进等维度。

在测量、分析与改进方面，《卓越绩效评价准则》考虑了绩效测量、绩效分析和评价、改进与创新等维度。

在结果方面，《卓越绩效评价准则》不仅考虑了财务结果，还强调产品和服务结果（例如产品和服务的特色和创新结果）、顾客与市场结果（例如顾客满意度与行业内其他组织的对比结果）、资源结果（例如员工的学习与发展）、过程有效性结果（例如合作伙伴绩效）、领导方面结果（例如公共责任方面的水平和趋势）。

5.《孙子兵法》中关于在时间视角方面获胜的阐述

《孙子兵法》（谋攻篇）从时间视角提出了用短的时间取得胜利的目标和境界。

《孙子兵法》（谋攻篇）[1]

原文：

故善用兵者，屈人之兵而非战也，拔人之城而非攻也，毁人之国而非久也，必以全争于天下，故兵不顿而利可全，此谋

---

[1] 陈曦，译注. 孙子兵法：中华经典名著全本全注全译丛书 [M]. 北京：中华书局，2011.

攻之法也。

译文：

　　所以善于用兵的人，使敌军屈服而不靠交战，拔取敌人的城邑而不靠硬攻，毁灭敌人的国家而不靠持久作战，一定要以全胜为策略与天下诸侯竞争，所以不使军队受挫便能保全利益，这就是以智谋攻敌的方法。

6.《ISO 14000 环境保护标准》中关于组织可持续发展管理要求的阐述

　　ISO 14000 系列标准是国际标准化组织（ISO）继 ISO 9000 系列标准后提出的一套有关环境管理的重要标准①。它是一套自愿性的管理标准，通过第三方认证的方式实施。1996 年最先颁布的 ISO 14001 是 ISO 14000 系列标准中唯一的规范性标准，是企业建立环境体系以及审核认证的最根本准则，是其他标准的基础。标准要求组织建立并保持符合标准的环境管理体系，体系由环境管理的方针、规划、实施与运行、检查和纠正、管理评审等部分构成，通过这些要素有机结合和有效运行，使组织的环境行为得到持续的改进。

　　环境管理方针是一个组织环境管理活动的指导思想和行为准则，需要最高管理层的支持，应和组织活动、产品、服务相适应，既强调宏微观的环境因素，也包括可持续改进和预防的承诺；环境管理规划应建立并保持完备程序，确定重要环境因素并合理评估，识别重要环境因素应考虑大气排放、水体排放、废物管理、土地污染、原材料和自然资源的使用、当地其他环境问题，而重大影响因素评估应考虑环境影响的规模、严重程度、发生概率和持续时间以及改变环境可能带来的经营问题，形成组织内部分层次的细化目标和指标；最高管理者应任命环境管理者代表和提供必备资源，明

---

① 梁健，鲁树基，主编．环境管理体系教程：2015 版 ISO 14000 系列标准培训教材 [M]．上海品保技术咨询有限公司，编著．2 版．北京：中国标准出版社，2016.

确相关人员的职权和义务，制定分层次的培训计划，提高员工环境管理意识和应对能力；加强环境信息内外部交流和通报，制定文件化作业标准和程序，以及做好应急准备和响应，有效控制运作过程；定期监测和纠正不符合项，制订环境管理体系审核程序，定期评审体系的持续适用性、充分性和有效性。

7. 中国领导人对"窑洞之问"的回答

社会周期理论，或者称之为历史周期律，认为任何一个国家的政权都会经历治乱兴衰的循环往复的过程。1945年，黄炎培先生走入毛泽东的窑洞，说："真所谓'其兴也勃焉''其亡也忽焉'。一人、一家、一团体、一地方乃至一国，不少都没有跳出周期率的支配力。大凡初聚时聚精会神，没有一事不用心，没有一人不卖力，也许那时艰难困苦，只有从万死中觅取一生。继而渐渐好转了，精神也就渐渐放下了……一部历史，'政怠宦成'的也有，'人亡政息'的也有，'求荣取辱'的也有。总之没有能跳出这周期率。"这就是著名的"窑洞之问"①。

对此，毛泽东同志沉思道："我们已经找到了新路，我们能跳出这个周期率，这条新路就是民主，走群众路线。"70多年后的今天，习近平总书记又指出："经过百年奋斗特别是党的十八大以来新的实践，我们党又给出了第二个答案，这就是自我革命。"

综上所述，我们中国领导人从时间和空间两个视角对"窑洞之问"给出了回答，为中国的可持续发展和繁荣昌盛指明了方向。

实 践 练 习

读完本章以后，建议你根据自己目前在组织中所处的位置和所从事的工作，思考下面的提问，在回答的过程中可以参考相关的提示。

1. 请思考你在目前的岗位上的工作状况，你认为你在空间视角层次方面的领导力成效如何？你可以采取哪些具体的措施和方法来提高基于空间

① 杜尚泽，刘少华."窑洞之问"的答卷人[N]. 人民日报，2022-01-14(01).

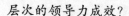

层次的领导力成效？

提示：基于空间层次的领导力成效有三个：管理"好"自己、管理"好"团队、管理"好"组织。

2. 请思考你在目前的岗位上的工作状况，你认为你在空间视角维度方面的领导力成效如何？你可以采取哪些具体的措施和方法来提高基于空间维度的领导力成效？

提示：基于空间维度的领导力成效有两个：建立"强大"的软实力、建立"强大"的硬实力。

3. 请思考你在目前的岗位上的工作状况，你认为你在时间动态方面的领导力成效如何？你可以采取哪些具体的措施和方法来提高基于时间动态的领导力成效？

提示：基于时间动态的领导力成效有三个："对得起"过去、"对得起"现在、"对得起"未来。